Bernd Matzkowski

Wie interpretiere
ich Lyrik?

Über den Autor:
Bernd Matzkowski ist 1952 geboren. Er ist verheiratet und hat drei Kinder.

Lehrer (Oberstudienrat) am Heisenberg Gymnasium Gladbeck
Fächer: Deutsch, Sozialwissenschaften, Politik, Literatur/Theater
(in NRW in der Sek. II eigenes Fach mit Richtlinien etc.)
Beratungslehrer für Suchtprävention
Ausbildungskoordinator

4., aktualisierte Auflage 2007
ISBN 978-3-8044-1448-8
© 1997 by C. Bange Verlag, 96142 Hollfeld
Gestaltung: Georg Lehmacher, Friedberg (Bay.)
Alle Rechte vorbehalten!
Druck und Weiterverarbeitung:
FINIDR, s.r.o., Český Těšín

Bernd Matzkowski

Wie interpretiere ich Lyrik?

Basiswissen

Grundlagen der Analyse und Interpretation

Hinweise zur Benutzung des Buches

Der Band „Wie interpretiere ich Lyrik" versteht sich als Ergänzung zum Basisband „Wie interpretiere ich?" und führt in die Analyse und Interpretation von Gedichten ein. Zugleich ist er im Zusammenhang mit den in der Reihe Lernhilfen erschienenen Bänden „Wie interpretiere ich Lyrik?" (Übungen mit Lösungen) und „Wie interpretiere ich Lyrik?" (Anleitungen) zu sehen.

Der vorliegende Band will „Basiswissen" vermitteln: Er enthält, neben grundsätzlichen Informationen zum Interpretieren und zur Gestaltung von Aufsätzen, einen Überblick über die Gattung LYRIK und ihre wesentlichsten „Bausteine". Unter Verwendung eines unter Rückgriff auf die Bausteine entwickelten Rasters werden beispielhaft Gedichte aus verschiedenen Epochen untersucht; zudem werden zwei lyrische Texte aus Dramen und eine Ballade interpretiert.

Der Band soll zur selbstständigen Arbeit mit lyrischen Texten anregen und dazu Hilfestellung bieten. Die Analysebeispiele, die nicht als Aufsätze ausgeführt sind, erheben somit auch keinen Anspruch darauf, die behandelten Texte umfassend auszuloten; vielmehr sollen sie die Arbeit mit den Bausteinen und dem Frageraster demonstrieren und einen ersten Zugang zu den behandelten Texten eröffnen, der die eigene Weiterarbeit ermöglicht.

Inhaltsverzeichnis

Register

1. Interpretation und Analyse: einige Grundlageninformationen

Ein **Interpret** ist laut Duden ein Ausleger, Erklärer, Deuter[1]. Folgt man dieser knappen Erklärung, hat man schon wesentliche Aspekte des Interpretationsvorgangs erfasst. Etwas wird erläutert: ein Gegenstand, ein Sachverhalt, ein Text. Diese Erläuterung wird von jemandem vorgenommen, dem Interpreten. Und diese Erläuterung wird an einen anderen vermittelt. In Anlehnung an Karl Bühler formuliert: einer (der Sender) vermittelt dem anderen (dem Empfänger) etwas über die Dinge (Gegenstände, Sachverhalte, Texte). Diese Vermittlung erfolgt durch (sprachliche) Zeichen, bezogen auf eine Interpretation, den vom Sender verfassten Text.

Bei einer Interpretation handelt es sich um einen kommunikativen Akt, der drei Aspekte beinhaltet: das objektive Erfassen eines Sachverhaltes (die Analyse des Textes), eine Beurteilung und kritische Auseinandersetzung mit dem Sachverhalt (die Bewertung des Textes durch den Interpretierenden) und die Vermittlung des Sachverhaltes und der Bewertung an einen Dritten (den Lesenden der Interpretation)[2]. Dementsprechend gilt es für die Schülerin/den Schüler, drei Leistungen zu erbringen: Zunächst einmal muss der Gegenstand erfasst werden, der konkrete (literarische) Text mit seinen Besonderheiten. Um dies zu leisten, bedarf es eines methodischen Vorgehens und überprüfbarer Kriterien; sodann muss der Text bewertet werden (wobei sich die Bewertung auf den Gehalt und die „Machart" des Textes beziehen kann); schließlich müssen die gewonnenen Erkenntnisse angemessen vermittelt werden: Dazu bedarf es u. a. eines Begriffsinstrumentariums, z. B. der literaturwissenschaftlichen Fachbegriffe.[3] Kurz und knapp formuliert: *„Interpretieren heißt Untersuchen – Erkennen – Erklären."* [4]

1 die lateinische Wurzel des Wortes („inter" und „pres") verweist wohl zunächst auf eine Vermittlertätigkeit im ökonomischen Bereich, nämlich beim Aushandeln von Preisen
2 vergl. hierzu: Egon Krause, Interpretieren – Begriff und Anwendung im Deutschunterricht, Frankfurt am Main 1984, S. 12. In diesem Zusammenhang sei auch auf die „Richtlinien" verwiesen, die das Interpretieren als Teil des Verstehensprozesses begreifen: „Der Begriff ‚**Verstehen**' bezeichnet den Vorgang der Sinnfindung in der Auseinandersetzung mit einem Text; davon zu unterscheiden ist einmal der Begriff ‚**Interpretation/Analyse**' als Praxis der Auslegung und andererseits der Begriff ‚**Hermeneutik**' als Theorie der Auslegung." (Der Kultusminister des Landes Nordrhein-Westfalen, Gymnasiale Oberstufe: Richtlinien Deutsch – Die Schule in Nordrhein-Westfalen. Eine Schriftenreihe des Kultusministers, Düsseldorf 1982, S. 35)
3 Das oft gehörte (Vor-)Urteil von Schülerinnen und Schülern, bei der Bewertung/Benotung von Interpretation im Fach Deutsch sei man der persönlichen Auffassung des Lehrers unterworfen, ist von daher richtig und falsch zugleich. Neben objektiv überprüfbaren Elementen (im Bereich der Texterfassung und Beschreibung) stehen subjektive Momente (etwa im Bereich der Wertung), die durchaus aber gewünscht und sogar notwendig sind, da der Schüler seine eigene Auffassung ja deutlich machen soll. Kein Lehrer wird eine eigenständige Bewertung eines Textes negativ auslegen, wenn sie begründet ist und ihr die „objektive" Erfassung des Textes vorausgeht. „Im Prozess des Verstehens verändert sich das Vorverständnis; dem Textverständnis eröffnen sich jeweils neue Deutungs- und Erklärungsmöglichkeiten, so dass der Verstehensprozess nie endgültig abgeschlossen ist, auch wenn der jeweilige Stand des Verstehens intersubjektiv mitteilbar und überprüfbar ist." (Richtlinien, ebd., S. 36)
4 E. Krause, ebd., S. 15

1.1. Vorarbeiten – vom ersten Erfassen des Textes zum Entwurf einer Gliederung

Schülerinnen und Schüler neigen dazu, so meine langjährige Praxiserfahrung, relativ rasch mit dem Verfassen eines Aufsatzes zu beginnen und wenig Zeit in Vorarbeiten zu investieren. Der Grund mag in der Befürchtung liegen, den Aufsatz, v. a. wenn es sich um eine Klausur handelt, nicht in der vorgegebenen Zeit fertig stellen zu können. Dies führt bei der Analyse oft zum Übersehen von Textkonstituenten, bei der Darstellung kommt es leicht zu Auslassungen und Brüchen oder zum genauen Gegenteil, zu Wiederholungen, redundanten Textpassagen oder zu reinen Paraphrasierungen des gegebenen Textes. Um solche Fehler zu vermeiden, ist eine gründliche Vorarbeit nötig. Zeit, die in diese Vorarbeit investiert wird, ist nicht verloren, sondern ermöglicht letztlich eine raschere, v. a. aber gründlichere Ausführung der gesamten Arbeit. Einige Hilfestellungen und Hinweise sollen deshalb hier gegeben werden.

1.1.1. Erfassen der Aufgabenstellung

Bevor mit der Arbeit am Text begonnen wird, sollte zunächst ein Blick auf die Aufgabenstellung geworfen werden, so dass die Untersuchung des Textes gezielt erfolgen kann, denn oftmals lenkt die Aufgabenstellung den Interpretierenden ja schon in eine bestimmte Richtung. Eine Aufgabe kann sehr weit und allgemein gestellt sein, z. B. *Interpretieren Sie Goethes Gedicht „Prometheus"!* Eine solche Aufgabenstellung ermöglicht dem Schüler/der Schülerin eine eigene Schwerpunktsetzung, die jedoch an den unterrichtlichen Kontext, in dem das Gedicht steht, angebunden werden muss (dies könnte z. B. eine Unterrichtssequenz über die Lyrik der Sturm- und-Drang-Epoche sein). Eine Aufgabe kann aber von vornherein auch mit einem bestimmten Schwerpunkt versehen sein: *Interpretieren Sie Goethes Gedicht „Prometheus" unter besonderer Berücksichtigung der sprachlichen Gestaltung!* Hier gilt es dann für den Schüler/die Schülerin, das Hauptaugenmerk auf Sprache und Stil des Gedichtes von Goethe zu richten und die Funktion der sprachlichen Gestaltung für die Intention Goethes besonders herauszustellen.

Die Aufgabenstellung kann aber auch die Untersuchung eines bestimmten Motivs in den Vordergrund rücken. Die Aufgabe zu Goethes Prometheus-Gedicht könnte dann etwa lauten: *Analysieren Sie Goethes Prometheus-Gedicht unter besonderer Berücksichtigung der Darstellung der Prometheus-Figur! Grenzen Sie dabei Goethes Darstellung von anderen Prometheus-Darstellungen ab!* Eine solche Aufgabenstellung setzt natürlich die Kenntnis anderer im Unterricht behandelter Prometheus-Gedichte voraus (Bürger, Schlegel, von Günderode etwa) und verlangt einen Vergleich der Prometheus-Figur in Goethes Gedicht mit anderen Prometheus-Darstellungen.

1.1.2. Gründliche Lektüre des Textes und erster Eindruck

Nach dem Erfassen der Aufgabenstellung sollte der zu bearbeitende Text **gründlich gelesen** werden; die ersten Eindrücke sollten in einer **Arbeitshypothese** oder einem ersten **Sinnentwurf** fest gehalten werden. Durch die gründliche Lektüre des Textes ergibt sich ein erster Eindruck, ein **Vorverständnis**. Diese Lektüre sollte nach Möglichkeit durchaus laut (oder halblaut) erfolgen, damit sich auch die klangliche Gestaltung des Textes erschließt, was besonders bei Gedichten nicht unbedeutend ist. Dies mag dem Schüler zunächst befremdlich erscheinen und ist bei Klausuren sicherlich nicht ohne Komplikationen, z. B. aufgrund eines unterschiedlichen Lesetempos, möglich. Bei einigen Textsorten, z. B. Dramenszenen mit vielen auftretenden Figuren, mag es vielleicht sogar unmöglich erscheinen, diesen Vorschlag in die Praxis umzusetzen, weil es zu Störungen der Mitschüler kommt. Hier muss man sich natürlich den Gegebenheiten anpassen; zumindest aber bei häuslichen Arbeiten ist diese Methode ohne Einschränkungen anwendbar.

Die durch das Lesen gewonnenen ersten Eindrücke sollten möglichst unverzüglich und in knapper Form fest gehalten werden. Diese **Arbeitshypothese** dient als Ausgangspunkt für die systematische Untersuchung des Textes und kann, auch wenn sie im Laufe der Arbeit korrigiert oder sogar ganz verworfen wird, durchaus bei der Darstellung der Arbeitsergebnisse verwendet werden, etwa wenn der Schüler sich bei der Abfassung des Aufsatzes für die Darstellung des **Verstehensprozesses** entscheidet (siehe dazu Abschnitt 1.2.).

Zur Überprüfung des eigenen Textverständnisses kann es sich zudem als sinnvoll erweisen, insbesondere bei Sachtexten, eine auf das Wesentliche beschränkte **inhaltliche Zusammenfassung des Textes** niederzuschreiben (z. B. den Inhalt einzelner Abschnitte eines epischen Textes, den Inhalt einer Strophe oder die wesentlichen Thesen und Gedankengänge eines Sachtextes). Das dadurch erhaltene Material verschafft nicht nur eine größere Textsicherheit, sondern ermöglicht dem Schüler einen raschen Zugriff auf einzelne Textteile und kann bei der Ausarbeitung des Aufsatzes verwendet werden. Entscheidend dabei ist, dass der Text nicht einfach nur „nacherzählt" wird, sondern bereits in einer distanzierten und sachlichen Sprache ein gewisser Abstraktionsgrad erreicht wird.

1.1.3. Systematische Arbeit am Text: Materialsammlung

Der nächste Schritt sollte eine systematische Untersuchung des Textes mit wiederholtem, eventuell abschnittsweisem Lesen sein. In dieser Phase der Bearbeitung des Textes werden bereits inhaltliche und sprachliche Besonderheiten fest gehalten, das Beziehungsgeflecht der Textkonstituenten wird untersucht, wobei die Untersuchungsgesichtspunkte u. a. durch die gattungsspezifischen oder textsortenspezifischen Gegebenheiten bestimmt werden und die entsprechenden Fachbegriffe zur Anwendung kommen (bei einem Gedicht also etwa lyrisches Ich, Reim, Versmaß, Strophen, Bilder, Chiffren, semantische, syntaktische und stilistische Auffälligkeiten). Zudem gilt es natürlich Inhalt, Gehalt, Thema und Intention des gegebenen Textes zu erfassen und zu deuten. Bei diesem Arbeitsschritt kann, je nach Textsorte oder eigener Vorliebe, bereits mit unterschiedlichen „technischen Hilfsmitteln" gearbeitet werden, also dem Unterstreichen oder Hervorheben von Textstellen, dem Anbringen von Buchstaben oder Zahlen, dem Einkreisen von Textstellen oder der Anlage von Verbindungslinien zwischen Textkonstituenten, die sich aufeinander beziehen. Zwischenergebnisse können am Rand des Textes oder auf Arbeitsblättern fest gehalten werden; passende Fachtermini kommen zur Anwendung. Die stichwortartig notierten Ergebnisse können anschließend kurz zusammengefasst und ausgewertet werden. Das folgende Beispiel, das sich auf die ersten 12 Verszeilen des Prometheus-Gedichtes von Johann Wolfgang von Goethe bezieht, stellte **eine Möglichkeit** dar !

Text: Johann Wolfgang von Goethe (1749–1832)
Prometheus (1774)
Zeile 1–12

Bedecke deinen Himmel Zeus,
Mit Wolkendunst!
Und übe, Knaben gleich,
Der Disteln köpft,
5 An Eichen dich und Bergeshöhn!
Musst mir meine Erde
Doch lassen stehn,
Und meine Hütte,
Die du nicht gebaut,
10 Und meinen Herd,
Um dessen Glut
Du mich beneidest.

Um im späteren Aufsatz den Zusammenhang zwischen formaler (sprachlich-stilistischer) Gestaltung, Inhalt und Aussageabsicht (Intention) leichter

Info

Johann Wolfgang von Goethe/Sturm und Drang

Johann Wolfgang von Goethe wird 1749 in Frankfurt am Main als Kind wohlhabender Eltern geboren. Schon früh beginnt er kleinere Erzählungen und Gedichte zu verfassen. Von 1765 bis 1771 studiert er Rechtswissenschaften in Leipzig. Während seiner Tätigkeit als Gerichtsreferendar in Wetzlar ab 1772 schreibt er den Briefroman *Die Leiden des jungen Werthers*, der ihn berühmt macht. In dieser Zeit entsteht auch das Gedicht *Prometheus*, das Goethe vermutlich im Herbst 1774 verfasst. Das Gedicht ist der Epoche des Sturm und Drang zuzurechnen. Diese Epoche, die von etwa 1767 bis 1785 reicht, wird auch Geniezeit oder Genieperiode genannt nach der Verherrlichung des „Originalgenies" als Urbild des wahren Schöpfers der Kunst und des höheren Menschen (Prometheus-Symbol).

erarbeiten zu können, werden in die linke Spalte bei der Textbearbeitung inhaltliche Elemente von Zeile zu Zeile aufgeführt, in der rechten Spalte die sprachlich-stilistischen Elemente. In der folgenden Zusammenfassung werden beide Seiten dann in Beziehung zueinander gesetzt.

Beispiel für die Anlage eines Arbeitszettels (Stichworte):

INHALT	TEXT	FORM
Eingriff in die göttliche Sphäre, den Himmel	**Bedecke** deinen Himmel, Zeus, Mit Wolkendunst !	Imperativ/Anrede erst am Ende der ersten Zeile
Abwertung Zeus' (Knabe/üben)	Und **übe, Knaben** gleich, Der Disteln köpft, An Eichen dich und Bergeshöhn !	erneuter Imperativ durch „und" angebunden – Steigerung
Begrenzung der Macht von Zeus/ Besitzanspruch Prometheus als Schöpfer/Zivilisation das Feuer als Existenzgrundlage/Zeus als Neider	Musst mir **meine** *Erde* Doch lassen stehn, Und **meine** *Hütte*, Die du nicht gebaut, Und **meinen** *Herd*, Um dessen *Glut* du mich beneidest.	Possessivpronomen 3. Imperativ „Kamerafahrt": Zoom *Erde – Hütte – Herd – Glut* Negation negativ besetzt/ Abwertung
		Z. 1–2: 1. Satz Z. 3–5: 2. Satz Z. 6–12: 3. Satz → Satzlänge! → Verzicht auf Reime → Freier Rhythmus → Sprecher ist Prometheus selbst

Kurze Zusammenfassung:
Die Zeilen 1–12 des Prometheus-Gedichtes von Goethe sind bestimmt durch eine Abwertung des „allgewaltigen" Zeus, der in Zeile 12 sogar als „Neider" bezeichnet wird. Prometheus, der Sprecher ist (lyrisches Ich), reklamiert für sich die Schaffung der Existenzgrundlagen/der Zivilisation

(Possessivpronomen: z. B. *meine Erde/meine Hütte*) und verweist Zeus in seine Schranken, indem er die Grenzen der göttlichen Macht aufzeigt (*musst mir lassen stehn*). Sprachlich wird dies deutlich durch die Verwendung von Imperativen (Prometheus erteilt Zeus Befehle) und den Vergleich Zeus' mit einem Knaben, der noch üben muss. Die Gesamtheit der von Prometheus geschaffenen Zivilisation wird in einem Vierschritt vorgeführt → vom Großen (Erde) zum Kleinen (Glut im Herd). Der Blick wird dabei wie bei einem Kamerazoom gelenkt. Der Ungezügeltheit der Aussagen Prometheus' entspricht der Verzicht auf Reime und die Verwendung von freien Rhythmen.[5]

1.1.4. Über den Text hinaus und zum Text zurück

Die Materialsammlung bedarf nun noch der Ergänzung durch „außertextliche" Informationen. Diese führen den Schüler zunächst (allerdings nur scheinbar) vom Text weg, müssen jedoch an den Text angebunden werden und dienen somit wiederum zur Erhellung einzelner Textkonstituenten oder des gesamten Textes. Folgende Aspekte können hier eine Rolle spielen (wobei die Liste unvollständig ist und Goethes Prometheus-Gedicht erneut als Beispiel dient):
– biografische Informationen über den Verfasser (z. B. über Goethes Lebenssituation in der Zeit der Entstehung des Prometheus-Textes)
– werkgeschichtliche Informationen (unterschiedliche Fassungen des Textes sowie Bezüge zu anderen Texten des Autors oder eines anderen Autors zum gleichen Thema/Motiv)
– literaturhistorische und literatursoziologische Aspekte (die Sturm-und-Drang-Bewegung in Deutschland zur Zeit der Entstehung des Textes/die gesellschaftlichen Faktoren)
– literaturtheoretische Gesichtspunkte (Auffassung der „Stürmer und Dränger" über Literatur)
– gattungstheoretische Gesichtspunkte (z. B. die Abkehr von Reim und klar gegliederten Gedichtformen)
– linguistische Gesichtspunkte (z. B. Verwendung bestimmter Schlüsselwörter)
– ideengeschichtliche, psychologische, soziologische, ästhetische Hintergründe/Zusammenhänge
Ob und in welchem Umfang diese Informationen dann auch in den Aufsatz (die Interpretation) einfließen, muss im Einzelfall entschieden werden. Auf keinen Fall können Ausführungen zu den oben genannten Gesichtspunkten aber die konkrete Arbeit am Text ersetzen!

5 Ausführlicher und mit einem Vorschlag zur Anlage eines Aufsatzes wird der gesamte Text behandelt in Thomas Möbius, *Wie interpretiere ich Lyrik?* (Übungen mit Lösungen), Bange Lernhilfen, Bange Verlag, Hollfeld 2000, S. 48–52

1.1.5. Zusammenfassende Auswertung/Erörterung/Bewertung

Der nächste Schritt sollte in einer Auswertung der bisher gewonnenen Erkenntnisse bestehen. Die Frage „WER sagt WAS auf welchem WEG zu WEM mit welcher WIRKUNG?", kann beantwortet werden. Die eingangs formulierte Arbeitshypothese (das VOR-Verständnis) kann überprüft werden. Die Überprüfung führt entweder zur Absicherung der Arbeitshypothese oder zu ihrem Verwerfen und zum Entwickeln eines **abgesicherten Interpretationsansatzes,** zum Verständnis des Textes, zu seiner Deutung. Auf dieser Grundlage kann eine Bewertung des Textes erfolgen. Auch hier gibt es verschiedene Ansatzpunkte, die teilweise wiederum von der konkreten Aufgabenstellung abhängig sein können. Die Bewertung kann sich etwa auf die Aussage des Textes beziehen (wenn z. B. bei einem Sachtext die kritische Stellungnahme zu den Positionen eines Autors verlangt wird), sie kann sich auf die „Machart" des Textes beziehen, also auf die sprachlich-stilistische Gestaltung, oder auf die beabsichtigte Wirkung des Textes (die Intention) und die Frage, ob, in welchem Umfang und wie diese Wirkungsabsicht wohl erreicht wird/erreicht wurde. Hier kann es zu subjektiven Wertungen kommen. Die Kriterien für diese Bewertung müssen aber deutlich werden und durch die vorausgegangene Analyse abgesichert sein.

WER sagt WAS auf welchem WEG zu WEM mit welcher WIRKUNG?

1.1.6. Anlage einer Gliederung

Noch immer sind wir, zumindest was das Abfassen des Aufsatzes angeht, im Bereich der Vorarbeiten, wenn auch schon die Analyse geleistet ist. Bevor der letzte Schritt erfolgt, die endgültige Verschriftlichung der Arbeitsergebnisse in einem zusammenhängenden Aufsatz, sollte das gesichtete und ausgewertete Material dazu dienen, eine Gliederung zu entwickeln. Vom Rezipienten eines (fremden) Textes wird der Schüler/die Schülerin zum Verfasser/zur Verfasserin eines eigenen Textes, der sich an einen Dritten (Lehrer/Mitschüler) wendet.

Es mag schlicht klingen, soll aber hier gesagt sein, weil der Schulalltag einen solchen Hinweis nötig erscheinen lässt: Die gröbste und einfachste Gliederung besteht aus drei Teilen → **Einleitung, Hauptteil und Schluss.** Wenn ein Aufsatz diese Struktur aufweist, ist schon recht viel gewonnen. Der Schüler muss sich freilich noch entscheiden, was Gegenstand der einzelnen Teile sein soll. Die sprachlich-stilistische und inhaltliche Analyse wird sicherlich dem Hauptteil zugeschlagen werden müssen, Erörterung und Bewertung gehören eher an den Schluss. Im Schlussteil können aber auch weiterführende Fragen aufgeworfen werden oder ein Rückgriff auf eine eingangs formulierte Arbeitshypothese erfolgen. Mit der Einleitung nimmt der

Einleitung, Hauptteil und Schluss

Schüler eine Beziehung zum Text und gleichzeitig zum Lesenden, zum Adressaten seines Aufsatzes, auf. In die Einleitung können z. B. Informationen über den Autor, die Entstehungszeit, aber auch bereits Angaben zum Inhalt des Textes oder die Arbeitshypothese einfließen. Hier kann der Schreibende dem Lesenden auch verdeutlichen, wie er bei der Bearbeitung des Textes vorgeht (vorgegangen ist) und welche weiteren Arbeitsschritte folgen (werden). Dies hängt wesentlich von der Aufgabenstellung und der Anlage der Interpretation überhaupt ab (siehe 1.2.), denn der Aufbau kann dem Gang des bearbeiteten Textes folgen oder aber den Verstehensprozess des Interpretierenden nachzeichnen. Insofern fällt mit der Gliederung bereits eine Entscheidung über die Anlage des Aufsatzes, seinen kommunikativen Aspekt, den Bezug zum Lesenden. Gleichzeitig hat die Gliederung aber auch eine Hilfsfunktion für den Schreibenden. Sie kann Textredundanz verhindern und ist gleichzeitig Überprüfungsinstrument dafür, ob alles Erarbeitete, das als wesentlich angesehen wird, tatsächlich auch in den Aufsatz einfließt.

1.1.7. Kurzinformation/Übersicht über die Arbeitsschritte

– 1. Schritt: Erfassen der Aufgabenstellung
– 2. Schritt: Lektüre des Textes und Formulierung einer kurzen inhaltlichen Zusammenfassung sowie einer Arbeitshypothese bzw. eines ersten Sinnentwurfs
– 3. Schritt: systematische Bearbeitung des Textes und Erarbeitung aller für die Interpretation wichtigen Textkonstituenten unter Berücksichtigung der Aufgabenstellung
– 4. Schritt: Aufgreifen „außertextlicher" Informationen für die Analyse
– 5. Schritt: Integration der bisher gewonnenen Ergebnisse, Überprüfung der Arbeitshypothese, Formulierung eines Deutungsansatzes, begründete Bewertung (Erörterung)
– 6. Schritt: Entwicklung einer Gliederung des Interpretationsaufsatzes

1.2. Die kommunikative Gestaltung der Interpretation

Sind die oben genannten Arbeitsschritte getan, sind alle wichtigen Vorarbeiten für den Interpretationsaufsatz erledigt. Die Arbeit tritt in eine weitere Phase, denn die bereits gewonnenen Erkenntnisse müssen jetzt in einen zusammenhängenden und einer inneren logischen Struktur folgenden Aufsatz eingebaut werden. Dem Untersuchen und Erkennen folgt das Erklären und seine Verschriftlichung. Bisher hat der Schüler sich mit dem Gegenstand beschäftigt, dem zu bearbeitenden Text; nun gilt es, die

gewonnenen Ergebnisse einem Adressaten zur vermitteln (Mitschüler/
-innen/dem Lehrer/der Lehrerin). Diese Darstellung der Ergebnisse ist eine
eigenständige Leistung des Schreibenden, denn ein neuer Text entsteht,
der unter kommunikativen Gesichtspunkten zu gestalten ist und bei dem
der Gang der Darstellung und die Blickrichtung der Darstellung zu berücksichtigen sind.[6]

1.2.1. Textbegleitende und systematische Darstellung

Für die Darstellung der bei den Vorarbeiten gewonnenen Erkenntnisse
eröffnen sich zwei Möglichkeiten. Eine davon besteht darin, **dem Gang
des zu bearbeitenden Textes selbst zu folgen**, bei einem Gedicht also
z. B. den einzelnen Strophen. Die Struktur des Ausgangstextes zeichnet
somit die Struktur des Aufsatzes vor; in die Einleitung fließen z. B. der erste
Eindruck vom Text und das Vorwissen über den Text ein, im Hauptteil werden abschnittsweise der Inhalt des bearbeiteten Textes und die über die
einzelnen Abschnitte des Textes gewonnenen Erkenntnisse vermittelt. Der
Schlussteil des Aufsatzes sollte in diesem Falle u. a. eine prägnante Zusammenfassung der Ergebnisse präsentieren.
Entscheidet sich der Schüler für diese Art der Darstellung, ist eine geson-
derte Inhaltsangabe des Textes, etwa in einem einleitenden Teil oder zu Beginn des Hauptteils, auf jeden Fall überflüssig. Diese Art der Darstellung ist
durchaus eingängig und vermittelt dem Adressaten sowohl einen guten
Überblick über den Text als auch direkt an den Text angebundene Informationen. Die Schwächen (Gefahren) dieser Darstellungsform liegen
(textspezifisch unterschiedlich) in einer möglichen Unübersichtlichkeit, weil
wichtige Einzelerkenntnisse über einen längeren Aufsatztext verstreut vermittelt werden; zudem kann es zu Wiederholungen kommen, etwa wenn
gleiche Stilmittel in mehreren Abschnitten des bearbeiteten Textes vor-
kommen und ihre Erläuterung dann redundanten Charakter bekommt.
Durch eine vor dem Abfassen des Aufsatzes verfasste Gliederung (siehe
1.1.6.) kann diesen Gefahren allerdings weit gehend begegnet werden. Für
die Textwiedergabe gilt auf jeden Fall, dass sich der Schreibende vom Wortlaut des Originaltextes lösen sollte (außer bei wörtlichen Zitaten) und den
Text mit eigenen Worten zusammenfassend wiedergeben sollte. Bereits dadurch macht der Schreibende sein Textverständnis in Ansätzen deutlich.
Eine Alternative zur textbegleitenden Darstellung stellt die **systematische**

6 vergl. zu den folgenden Abschnitten u. a. Diem, Frank, Frommer u. a., *Schreibweisen
ein Arbeitsbuch für den Deutschunterricht der Sek. II*, Stuttgart 1987, S. 49 ff.; J. Jan-
sen, *Einführung in literaturwissenschaftliche Arbeitstechniken und Methoden am
Beispiel eines Bestseller/Kurs: Deutsch*, Düsseldorf 1977, S. 17 ff.; H. Biermann/
B. Schurf, *Texte, Themen und Strukturen-Grundband Deutsch für die Oberstufe*,
Düsseldorf 1990, S. 51 ff.

Darstellung dar. Die Textwiedergabe und zusätzliche Informationen (z. B. die Einbettung des Textes in die Biografie des Autors, kurze Angaben zur Gattungszuordnung → Vorwissen) kann der Schreibende in der Einleitung präsentieren; im Hauptteil werden die bei den Vorarbeiten gewonnenen Arbeitsergebnisse systematisch dargeboten (Kernaussagen, sprachlich-stilistische Mittel, Struktur etc.). Die Hauptgefahr bei dieser Art der Darstellung besteht darin, dass die Beziehung zwischen dem Inhalt des bearbeiteten Textes, der sprachlich-stilistischen Gestaltung und der Intention des Textes aus dem Auge verloren werden kann, etwa wenn es zu einer rein additiven Benennung stilistischer Mittel kommt. Der Vorteil dieser Darstellungsweise liegt sicherlich darin, dass die Gefahr der reinen Textparaphrase geringer ist als bei der textbegleitenden Darstellung. Auch bei dieser Darstellungsweise hilft eine durchdachte Gliederung dabei, Mängel zu vermeiden.

Für welche der beiden Darstellungsformen sich ein Schüler entscheidet, hängt einerseits von dem zu bearbeitenden Text, z. B. von der Länge des Textes sowie der Textsorte und von der Aufgabenstellung ab. Andererseits gibt es ein recht einfaches Kriterium für die Entscheidung zwischen den beiden Darstellungsformen: Jeder Schüler/jede Schülerin kann und wird herausfinden, welche der beiden Darstellungsformen ihm/ihr „besser liegt", denn jeder/jede bringt eigene, bereits entwickelte Schreibgewohnheiten mit.

1.2.2. Prozessdarstellung und Ergebnisdarstellung

Für die kommunikative Gestaltung des Aufsatzes ist neben dem Weg der Darstellung auch die Perspektive der Darstellung entscheidend. Auch hier kann wiederum zwischen zwei grundsätzlichen Verfahren gewählt werden, der Prozessdarstellung und der Ergebnisdarstellung.

Bei der **Prozessdarstellung**
– befindet sich der Schreibende scheinbar mitten im Verstehensvorgang,
– wechselt er seinen Standort,
– blickt er voraus und zurück.

Bei einem komplizierten oder vieldeutigen Text eröffnet dieses Verfahren dem Schreibenden die Möglichkeit, seine Schwierigkeiten mit dem Text offen zu legen. Daraus ergibt sich gleichzeitig, dass bei leicht zugänglichen Texten dieses Verfahren wenig geeignet ist. Der Lesende bekommt bei der Prozessdarstellung den Eindruck, als entwickele sich das Textverständnis des Schreibenden erst im Laufe des Schreibvorgangs.

Bei der **Ergebnisdarstellung**
– blickt der Schreibende von einem bereits festen Standort auf den Verstehensvorgang zurück.

Die Darstellung wirkt systematisch und geordnet auf den Adressaten.
Eine vom Verfasser des Aufsatzes formulierte Arbeitshypothese betont bei

einer Entscheidung für die Prozessdarstellung die Vorläufigkeit und Unsicherheit des Interpretationsansatzes, bei einer Entscheidung für die Ergebnisdarstellung nimmt die Arbeitshypothese in verkürzter Form bereits das später präsentierte Ergebnis vorweg.[7] Bei der Entscheidung zwischen den beiden Darstellungsperspektiven spielen, wie bei der Entscheidung für den Weg der Darstellung, Textsorte, Aufgabenstellung und Vorlieben des Schreibenden eine Rolle.

1.2.3. (Meta)kommunikative Hinweise im Aufsatz

Metakommunikative Hinweise (Metakommunikation → Kommunikation über Kommunikation) sind Verfahrenshinweise, die der Schreibende dem Lesenden (der Sender dem Empfänger/Adressaten) gibt. Der Schreibende formuliert, für den Lesenden nachvollziehbar, wie er zu einem Ergebnis gekommen ist oder welchen Schritt in der Interpretation er nun gehen wird, also etwa so: „Im folgenden Abschnitt meiner Arbeit werde ich die syntaktischen Strukturen in Goethes Gedicht *Prometheus* genauer untersuchen und ihre Bedeutung im Zusammenhang mit der Intention des Textes erläutern". Oder etwa: „Nachdem ich bisher die Rolle von Prometheus in Goethes Gedicht untersucht habe, werde ich sie nun mit der Prometheus-Figur der griechischen Sage vergleichen, um Unterschiede und Gemeinsamkeiten aufzuzeigen."
Solche metakommunikativen Hinweise können auch verdeutlichen, dass der Aufsatz sinnvoll gegliedert ist, also aus Abschnitten besteht, die eine jeweils spezifische Funktion im Textganzen haben. Sie sind Bindeglieder zwischen einem bereits ausgeführten und einem nun neu eingeführten Aspekt, machen Beziehungen und Unterschiede zwischen den Abschnitten gleichermaßen deutlich.

1.2.4. Sprachliche Gestaltung/Zitate

Die Anlage einer Interpretation verlangt vom Verfasser eine angemessene, d. h. sachlich-nüchterne und distanzierte/abstrahierende Sprache, die durch die sachgemäße Verwendung von Fachtermini gekennzeichnet ist. Sind die Fachtermini im Unterricht eingeführt worden, kann ihre Bedeutung somit als bekannt vorausgesetzt werden, müssen sie nicht erläutert

---

7 vergl. hierzu Diem/Frank, ebd., besonders S. 52 f. Diem und Frank weisen zu Recht darauf hin, dass in den Arbeitsanweisungen zur einer Klausur bereits eine Interpretationshypothese versteckt sein kann, die dann zum Ausgangspunkt der eigenständigen Arbeit mit dem Text werden kann. Diese Möglichkeit unterstreicht noch einmal die Bedeutung des in 1.1.1. erläuterten Erfassens der Aufgabenstellung für die Arbeit des Interpretierens.

werden, sondern lediglich auf die passenden Textbeispiele/Textstellen bezogen sein. Ist ein Fachbegriff nicht eingeführt, so sollte er, zum Beispiel wenn eine Interpretation, etwa eine Hausaufgabe, in der Klasse vorgetragen wird, kurz erläutert werden. Wird der Inhalt des bearbeiteten Textes zusammengefasst, gelten die allgemeinen Regeln für eine Inhaltsangabe.

Die Textwiedergabe erfolgt in eigenen Worten, demgegenüber sind Zitate aus dem zu bearbeitenden Text im Wortlaut wiederzugeben. Etwaige Auslassungen oder Veränderungen, die aus syntaktischen Gründen sinnvoll sein können, müssen angezeigt werden (zumeist durch Klammern). Ein Hinweis auf die Textpassage, der das Zitat entnommen ist, darf nicht fehlen (also Strophen bzw. Zeilenangabe, Seitenangabe etc.).

Im Sinne einer metakommunikativen Gestaltung kann es durchaus angebracht sein zu erläutern, warum der Schreibende genau diese Passage ausgewählt hat, um sie wörtlich zu zitieren. Wird aus einem Sekundärwerk zitiert, etwa um eine eigene Position zu unterstützen, müssen Verfasser und Fundort angegeben werden, so dass die sinnvolle und korrekte Verwendung des Zitats überprüft werden kann. Diese Vorschriften gelten auch für das „indirekte Zitat", bei dem eine Textstelle nicht wörtlich, sondern nur inhaltlich (gedanklich/sinngemäß) übernommen wird und bei dem dann die Anführungszeichen fehlen (Beispiele für beide Zitierweisen finden sich in diesem Text). Auf jeden Fall gilt es für die Interpretation, Zitate in sinnvollem Maß zu verwenden.

1.2.5. Kurzinformation/Zur Gestaltung der Interpretation

– 1. Die Darstellung der Arbeitsergebnisse kann textbegleitend oder systematisch angelegt sein.
– 2. Als Darstellungsperspektiven bieten sich die Prozessdarstellung und die Ergebnisdarstellung an.
– 3. Die Interpretation sollte metakommunikative Hinweise enthalten.
– 4. Die Sprache sollte durch einen hohen Abstraktionsgrad gekennzeichnet sein; bei der Verwendung von Zitaten sind formale Vorschriften zu beachten.

2. Textsorten und Gattungen: eine Einführung in zwei Grundbegriffe

Im ersten Kapitel dieses Bandes sind im Zusammenhang mit den Hinweisen zur Analyse und zur Gestaltung eines (Interpretations-)Aufsatzes zwei zentrale Begriffe aufgetaucht. Es sind dies die Begriffe **TEXT** und **GATTUNG**. Klausuraufgaben verwenden oftmals diese Begriffe, so etwa, wenn sie lauten „Analysieren Sie den Text!", oder „Zeigen Sie anhand der Kurzgeschichte *San Salvador* von Peter Bichsel typische Merkmale der GATTUNG auf!"

Unterrichtswerke für das Fach Deutsch präsentieren bei einem systematischen (nicht unbedingt bei einem historischen) Aufbau literarische Werke nach GATTUNGEN geordnet oder nehmen eine Einteilung nach literarischen (fiktionalen) und nichtliterarischen (nichtfiktionalen) Texten vor, wie es auch (jedenfalls in Nordrhein-Westfalen) die Richtlinien für die Sek. II tun, wenn sie vom „Umgang mit fiktionalen Texten" und „Umgang mit nichtfiktionalen Texten" sprechen.[1]

Da die verschiedenen Texte (Textsorten und Gattungen) unterschiedliche konstituierende Merkmale aufweisen und einen jeweils eigenen Zugriff auf die Wirklichkeit vornehmen, ist der **Verstehensprozess** wesentlich durch sie bestimmt, denn sie konfrontieren den Lesenden (oder den Interpretierenden) und sein Vorverständnis aufgrund ihrer spezifischen Eigenheiten mit jeweils besonderen Fragestellungen und Problemen (die Auseinandersetzung mit einem Liebesgedicht stellt andere Erwartungen an den Schüler als die Analyse eines Lexikonartikels zum Stichwort „Liebe").

Ein Verständnis von den Begriffen TEXT und GATTUNG stellt somit bereits eine Voraussetzung für die Inangriffnahme einer Interpretation dar. Bevor die Gattung LYRIK in den folgenden Kapiteln genauer behandelt wird, sollen deshalb zunächst die Begriffe TEXT und GATTUNG kurz erläutert werden.

2.1. Texte/Textsorten
2.1.1. Texte im kommunikativen Zusammenhang

Versteht man unter einem Text einen Teil eines kommunikativen Zusammenhangs, dann ist ein Text (ein Code) die Grundeinheit einer akustischen, optischen und/oder schriftlichen Kommunikation. Ein Text wird somit durch die (sinnvolle) Abfolge akustischer, optischer oder schriftlicher Zeichen definiert, die von einem Sender codiert (verschlüsselt) werden und von einem Empfänger (Adressaten) entschlüsselt werden müssen, wenn die Kommunikation klappen soll. Dies funktioniert allerdings nur, wenn

---

1   vgl. Richtlinien, ebd., S. 30/31

Sender und Empfänger über einen gleichen Zeichenvorrat verfügen (zumindest über eine gemeinsame Schnittmenge von Zeichen), bei dem (bei der) die Interpretation der Zeichen gleich ist.

Die Interpretation der Zeichen ist dabei u. a. kontext- bzw. situationsabhängig. Das Zeichen (Wort) „Feuer!" wird in einem bestimmten Kontext als Warnung (auch als Hilferuf) verstanden werden (analog dem Klingelzeichen, das in der Schule den Feueralarm signalisiert), in einem anderen Kontext (zwei Fahrgäste in einem Zugabteil) als Aufforderung/Bitte, ein Feuerzeug oder Streichhölzer auszuleihen. Die in unserer Alltagswelt allgegenwärtigen Piktogramme sind optische Zeichen, die eindeutig definiert sein müssen, wenn sie ihren Zweck erfüllen sollen, so etwa das „U" auf blauem Grund, das auf den Zugang zu einer U-Bahnstation verweist.

Im Unterricht geht es zumeist um schriftliche Zeichen (verschriftlichte Texte). Der Sender ist in diesem Fall der Autor des Textes, die Lerngruppe ist der Empfänger. Der Text als Abfolge von Zeichen ist nach einem Regelsystem aufgebaut (die Wörter/Lexeme und die Verknüpfungsregeln/grammatischen Strukturen). Der Text bezieht sich auf einen Gegenstand/Sachverhalt. Diesen zu erfassen, zu erkennen und zu erklären, ist die Aufgabe des Rezipienten, der den Text mit seinem eigenen Vor-Verständnis aufnimmt.

Dies macht deutlich, dass bei der Interpretation von Texten Probleme auftreten können. Der Zeichenvorrat zwischen Sender und Empfänger bzw. die Interpretation der Zeichen können unterschiedlich sein. So kann ein Begriff, etwa in einem Sachtext, dem Empfänger völlig unbekannt sein; ein Begriff kann aber auch, etwa wenn es sich um einen älteren Text handelt, einen Bedeutungswandel erfahren haben. Oder ein Begriff kann in seiner Bedeutung zunächst nicht oder nur mit großen Schwierigkeiten erfasst werden, z. B. ein Bild in einem Gedicht, etwa die von Paul Celan in der *Todesfuge* verwendete Chiffre „schwarze Milch der Frühe". Das Vor-Verständnis der aktuellen Rezipienten (des Schülers heute) ist zudem zumeist ein anderes als das des „historischen" Rezipienten, für den ein Text verfasst worden ist. So haben etwa die Menschen in der zweiten Hälfte des 17. Jahrhunderts mit den Autoren Grimmelshausen und Gryphius die Erfahrung des 30-jährigen Krieges geteilt; Texte der beiden Autoren stießen somit bei den damaligen Rezipienten auf ein völlig anderes Vor-Verständnis.

Bei der Interpretation von literarischen Texten ist somit auch die Einbeziehung von „außertextlichen" Informationen nötig (siehe hierzu Abschnitt 1.1.4.), denn ein Text ist immer „... ein sprachliches Gefüge, dessen Struktur mitbestimmt ist durch die Art seiner Vermittlung sowie durch die Einbettung in einen tradierten soziokulturellen Zusammenhang."[2]

Einbeziehung von „außertextlichen" Informationen

2 Richtlinien, ebd., S. 36

2.1.2. Textsorten: fiktionale und nichtfiktionale Texte

Durch die Einbeziehung linguistischer Verfahren und Methoden hat sich bei der Einteilung von Texten eine grobe Zweiteilung durchgesetzt. Es wird allgemein unterschieden zwischen **fiktionalen** (literarischen/ästhetischen) und **nichtfiktionalen** (referentiellen/expositorischen) Texten.

Der nichtfiktionale Text (etwa ein Sachtext, z. B. ein Artikel über die Stahlregionen Europas in einem Erdkundelehrwerk) bildet eine bestimmte Situation (einen Gegenstand) referentiell ab (referentiell → auf die Wirklichkeit bezogen). Die geschilderte Situation (der Gegenstand) existiert unabhängig vom Geschrieben- bzw. Gelesenwerden des Textes, unabhängig sogar von der Existenz des Verfassers des Artikels und von einem potenziellen Leser des Artikels. So existiert/ereignet sich der Autounfall auf einer Landstraße unabhängig davon, ob später in einem Zeitungsartikel oder einem Radiobeitrag darüber berichtet wird.

Bei fiktionalen Texten ist das völlig anders, selbst wenn sie Wirklichkeitsausschnitte (z. B. den Autounfall) aufgreifen. Der fiktionale Text schafft seine eigene Wirklichkeit, indem er Erdachtes/Erfundenes oder Elemente der Realität durch die Fantasie des Autors und des Rezipienten unter Verwendung eines eigenen Zeichenrepertoires und seiner Dekodierung durch den Empfänger zu einer fingierten Wirklichkeit werden lässt. Für die Analyse bedeutet das: „Nichtfiktionale Texte können also nur dann adäquat erklärt und verstanden werden, wenn die in ihnen dargestellte Wirklichkeit und der pragmatische Bezugsrahmen, in den sie hineingestellt sind, bewusst gemacht und konkretisiert werden; fiktionale Texte erstellen ihren Bezugsrahmen erst im Prozess der Textkonstitution, dieser muss als umfassender Sinnzusammenhang gedeutet werden."[3]

Ein nichtfiktionaler Text ist zumeist dadurch bestimmt, dass die Bedeutungsvielfalt von Textkonstituenten möglichst eingegrenzt wird, der nichtfiktionale Text vermittelt eindeutige Signifikate (etwa durch die Verwendung klar definierter Fachbegriffe). Bei einem fiktionalen Text ist es eher umgekehrt; einzelne Textkonstituenten können polyfunktional/mehrdeutig sein, der Text kann Leer- und Unbestimmtheitsstellen aufweisen, die der Empfänger mit seiner Vorstellungskraft ausfüllen muss. Somit existiert der fiktionale Text auch in weitaus höherem Maße überhaupt erst durch den Leser (eine Alltagserfahrung: Nach dem ersten Lesen eines Textes in einer Lerngruppe werden unterschiedliche Textkonstituenten als wichtig empfunden oder gleiche Textkonstituenten unterschiedlich „interpretiert").[4]

Aus den bisher genannten Merkmalen der beiden großen Textsorten ergeben sich jeweils spezifische Fragestellungen und Aufgaben bei ihrer

---

3   Richtlinien, ebd., S. 36
4   vergl. hierzu u. a.: G. Waldmann, Referentielle und ästhetische Texte in J. Jansen, ebd., S. 33 ff.

Analyse/Interpretation, die u. a. mit der sprachlichen Gestaltung und dem Wirklichkeitsbezug der Textsorten in Zusammenhang stehen.

2.1.3. Texte und ihre Funktion

Bereits in den ersten Jahrzehnten unseres Jahrhunderts hat sich der Psychologe und Sprachphilosoph Karl Bühler mit der Leistung der menschlichen Sprache beschäftigt und sie als ein Werkzeug (Organon) mit drei wesentlichen Funktionen definiert: Ausdruck, Appell und Darstellung. In Sprechakten bzw. Texten existieren diese drei Funktionen immer gleichzeitig, wobei jedoch jeweils eine Dimension dominieren kann. Die Ausdrucksfunktion (Symptomfunktion) überwiegt, wenn das sprachliche Zeichen (der Text) hauptsächlich etwas über den Sender selbst an den Empfänger vermittelt, z. B. seine Gefühle, seine Einstellung zu einem Gegenstand oder Sachverhalt. Die Darstellungsfunktion (Symbolfunktion) herrscht vor, wenn der Sachverhalt oder Gegenstand, über den der Sender dem Empfänger etwas mitteilt, in den Vordergrund gerückt wird. Will der Sender den Empfänger zu einer Haltung gegenüber einem Gegenstand oder Sachverhalt bewegen und ihn vielleicht sogar zu einer Verhaltensänderung oder Handlung auffordern, rückt die Appellfunktion des sprachlichen Zeichens in den Vordergrund.[5]

Wendet man die Überlegungen Bühlers auf die Bestimmung von Texten an, so kommt es zu drei Textsorten. Es gibt Texte, in denen die Appellfunktion dominiert (Spendenaufruf, politische Rede, Predigt); es gibt Textgruppen, in denen die Symptomfunktion von besonderer Bedeutung ist (z. B. Tagebuch, Lyrik), und es gibt Texte, in denen die Symbolfunktion vorherrscht (Lexikonartikel, Zeitungsbericht). Da die drei Funktionen des sprachlichen Zeichens aber immer integriert zur Geltung kommen (bei gesprochenen und verschriftlichten Texten), gibt es zwischen den nach dem Bühler'schen Ansatz geordneten Textsorten zahlreiche Mischformen und Übergänge. Bei der Analyse von Texten kann das Organon-Modell insofern hilfreich sein, als sich mit ihm u. a. die Intention des Textes erfassen lässt. Wenn wir z. B. davon ausgehen, dass eine politische Rede eine appellative Textsorte ist, können wir bei der Analyse des Textes unseren Sinn dafür schärfen, wozu uns der Redner auffordern will und mit welchen rhetorischen (sprachlich-stilistischen) Mitteln er seine Absicht verfolgt.

Drei Textsorten

5 Bühler selbst hat das einmal so formuliert. „Es (gemeint ist das sprachliche Zeichen, B. M.) ist Symbol kraft seiner Zuordnung zu Gegenständen und Sachverhalten, Symptom (Anzeichen, Indicum) kraft seiner Abhängigkeit vom Sender, dessen Innerlichkeit es ausdrückt, und Signal kraft seines Appells an den Hörer, dessen äußeres oder inneres Verhalten es steuert wie ein Verkehrszeichen." (zitiert nach N. Heinze/B. Schurf, *Deutschunterricht auf der Sekundarstufe II*, Text und Dialog/Grundband, Düsseldorf 1980, S. 143)

2.2. Gattungen

Bei der Einteilung literarischer Texte wird heute als geläufigster Terminus der Begriff der **Gattung** verwendet, wobei eine Einteilung in die drei Gattungen EPIK, LYRIK und DRAMATIK vorgenommen wird [6]. Die Dreiteilung der Literatur wird dabei u. a. auf Goethe zurückgeführt, der von den „drei Naturformen der Poesie" gesprochen hat.[7]

Zudem wird der Gattungsbegriff aber auch noch verwendet, um eine Differenzierung innerhalb der einzelnen Gattungen vorzunehmen. Zur (Haupt-)Gattung EPIK gehören beispielsweise die (Unter-)Gattungen (Gattungsarten) Roman und Parabel. Diese Gattungseinteilung richtet sich nach formalen Gesichtspunkten (z. B. der Länge von Texten, wenn zwischen Großformen wie Roman und Epos und Kleinformen wie Fabel und Anekdote im Bereich der Epik unterschieden wird) oder auch nach inhaltlichen Kriterien (Unterteilung der Gattung Roman in Abenteuerroman, Reiseroman, Bildungsroman etc.), wobei allerdings eine Beziehung zwischen Form und Inhalt (Gehalt und Gestaltung) besteht.

Zwischen den einzelnen Gattungen (Gattungsformen) gibt es Übergänge; eine rein schematische Abgrenzung der Gattungen verkennt zudem das Wesen von Literatur, die sich eben nicht in das Korsett einer rein normativen Poetik zwängen lässt. Als „Arbeitsbegriff" oder „Verständigungsbegriff" für den Umgang mit Literatur ist die Verwendung des Begriffs „Gattung" aber durchweg sinnvoll. Alle drei Gattungen weisen spezifische Konstituenten (Gestaltungsmittel) auf, die sie von den jeweils anderen Gattungen abgrenzen und die bei ihrer Analyse zu berücksichtigen sind.

Die Gattung EPIK ist dadurch bestimmt, dass ein Geschehen (ein Ereignis, ein Vorgang) erzählt und durch einen oder mehrere Erzähler an den Adressaten übermittelt wird. In der LYRIK wird ein Zustand (aber auch ein Ereignis, ein Geschehen) von einem „Sprecher" erlebt und ausgesprochen, und ein LYRISCHES ICH kann zur vermittelnden Textgröße werden (stellt eine kommunikative Beziehung zwischen sich, dem Gegenstand/Sachverhalt und dem Adressaten her). Im DRAMA agieren Rollenträger ein fiktives Geschehen auf einem Schauplatz, und die Vermittlung zum Adressaten (Zuschauer) erfolgt (jedenfalls bei einem aufgeführten Drama, also einem inszenierten Stück) über die szenische Vergegenwärtigung durch Sprechen und Agieren der Figuren auf einer in einer bestimmten Weise ausgestatteten Bühne.

---

6 Dabei hat sich das Wissen durchgesetzt, „... dass die Trias Lyrik-Epik-Dramatik (sich) erst im Lauf des 19. Jahrhunderts zu dieser konstitutiven Geltung durchgesetzt (hat). Durchgesetzt hat sich auch das Wissen, dass der dabei wirkende Literaturbegriff zu eng ist: Nicht die schöne oder hohe Literatur oder Dichtung allein kann Gegenstand einer Gattungstypologie sein, sondern nur der ganze Umkreis überlieferter Texte in fixierter Sprache, der in der jeweiligen historischen Situation die Funktion von Literatur erfüllt." Hugo Kuhn, Gattung in D. Krywalski (Hrsg.), *Handlexikon zur Literaturwissenschaft*, Bd. 1, Reinbek b. Hamburg 1978, S. 150
7 zitiert in G. von Wilpert, *Sachwörterbuch der Literatur*, Stuttgart 1969, S. 279

Da die Übergänge zwischen den Gattungen jedoch fließend sind, wie oben bereits ausgeführt, kann ein Drama z. B. lyrische Elemente enthalten (etwa die „Songs" in den Dramen von Brecht oder auch ein Chorlied) oder epische Passagen aufweisen („Botenbericht"), ein epischer Text kann wiederum „dramatische" Elemente enthalten, z. B. wenn es zum reinen Figurendialog kommt, ohne dass sich der Erzähler einschaltet. Die Ballade, die dem lyrischen Formenkreis zugerechnet wird, weist deutliche epische Elemente auf (Erzählgedicht).

Auch die „Untergattungen" der drei „Hauptgattungen" sind wiederum durch spezifische inhaltliche und/oder formale Merkmale gekennzeichnet, die sie von den jeweils anderen Gattungsformen abgrenzen und die bei einer Analyse zu berücksichtigen sind. Aber auch hierbei ist zu beachten, dass die Grenzen fließend sind und es Übergänge gibt. Somit ist eine klare Definition, v. a. weil Literatur (und die Definition von Literatur) einem historischen Wandel unterworfen ist, nicht immer möglich (auch nicht immer sinnvoll). Wenn also jetzt zum Abschluss dieses Abschnitts eine Einteilung der Gattungen modellhaft präsentiert wird, so hat dies den Charakter einer Übersicht zur Verständigung auf bestimmte Begriffe und dient einer ersten Orientierung.

EPIK	DRAMA	LYRIK
Großformen	**Grundformen**	**Formen des lyrischen**
Epos	Tragödie (Trauerspiel)	**Gedichts**
Verserzählung	Tragikomödie	Ode
Roman	Komödie (Lustspiel)	Hymne
Volksbuch		Elegie
Jugendbuch	**Sonderformen**	Lied Song
	Volksstück	Sonett
Mittlere Formen	Schwank	
Erzählung	Lehrstück	**Sonderformen**
Novelle	Dokumentarstück	Ballade
	Absurdes Theater	Erzählgedicht
Kleinformen		Lehrgedicht
Märchen		Epigramm
Sage		Konkrete Poesie
Legende		
Kurzgeschichte		
Kalendergeschichte		
Anekdote		
Schwank		
Fabel		
Gleichnis		
Parabel		

Übergreifende Formen: Satire, Groteske, Parodie, Travestie[8]

8   übernommen aus: Biermann/Schurf, ebd., S. 99

3. Lyrik

Die Lyrik (griech. lyra = Leier) gilt als die „subjektivste der drei Naturformen (Gattungen) der Dichtung"[1]. Ihre Definition wirft weitaus größere
Schwierigkeiten auf, als es bei den beiden anderen Gattungen der Fall ist.
Bei der Themenwahl sind ihr ebenso wenig Grenzen gesetzt wie im (spielerischen) Umgang mit Formelementen. Menschliche Grunderfahrungen
(wie Tod, Einsamkeit, Trauer, aber auch Liebe und Glück) können ebenso
zum Thema werden wie das subjektive Erleben der äußeren Welt (Natur-
gedichte stehen neben Gedichten über die Arbeitswelt); sie kann politische Themen zum Gegenstand machen (politische Lyrik) oder bestimmte
Alltagsanlässe (Gebrauchslyrik). Sie kann in strenger Form gefügt sein,
aber sie kann genau diese Formen sprengen und völlig auflösen. Ihr Ton
kann getragen oder salopp sein, sie kann zum Nachdenken anregen oder
zum Nachempfinden. Einer normativen Poetik entzieht sie sich völlig; die
Auffassungen (Theorien) über Lyrik sind ebenso vielfältig und historisch
bedingt wie Form und Inhalt der Lyrik selbst; jeder Versuch der Beschreibung hat immer nur *Annäherungswert.*
Lyrik kann gelten als „... unmittelbare Gestaltung innerseelischer Vorgänge
im Dichter, die durch gemüthafte Weltbegegnung (Erlebnis) entstehen, in
der Sprachwerdung aus dem Einzelfall ins Allgemeingültige, Symbolische
erhoben werden und sich dem Aufnehmenden durch einfühlendes Mit-
schwingen erschließen." Dabei sind nicht „... die Intensität des verdichteten
Gefühls, die Erlebnisstärke und die Tiefe der Empfindung allein, (sondern)
auch die Durchdringung und Bewegung des Sprachmaterials zu sprach-
künstlerischer Gestaltung ... wesentliche Kriterien der Dichtung, denn sie
erst geben der einmaligen Empfindung zeitlos gegenwärtige Form und
lösen das Gedicht aus der unruhevollen Seele des Schöpfers zu erfülltem
Eigenleben."[2] Deutlich wird in diesem Versuch einer Definition immerhin
das Zusammenwirken von drei Elementen: Sprecher (das erlebende Ich),
Thema und seine Verallgemeinerung (aus dem Einzelfall ins Allgemeingültige) und Form (sprachkünstlerische Gestaltung). Auf der Ebene der Form
wird zumeist der **Rhythmus** des Gedichtes als kennzeichnendes Element
genannt, dem andere Formelemente (Versmaß, Reim etc.) neben bzw.

1   G. von Wilpert, ebd., S. 457
2   G. von Wilpert, ebenda; die hier zitierten Ausführungen von Wilpert machen die
    Problematik einer Definition deutlich; auf der Ebene des Inhalts wird mit Begriffen
    wie „Erlebnisstärke" und „Tiefe der Empfindung" gearbeitet, also sehr subjektiven
    Kriterien, auf der Ebene der Form wird „sprachkünstlerische Gestaltung" verlangt,
    womit man sich tief im Bereich der Bewertung, letztlich sogar des Geschmacks,
    bewegt. Auf der Seite des Rezipienten soll Lyrik „einfühlendes Mitschwingen"
    ermöglichen. Allein mit dem letzten Kriterium schließt man ganze Bereiche der
    Lyrik, etwa die politische Lyrik, in der es nicht um Einfühlung geht, aus.

untergeordnet werden.[3] Auch der Vers wird als bestimmendes Merkmal ausgewiesen: *„Alle lyrischen Texte sind in Versen abgefasst."*[4]
Die Anfänge der (schriftlich überlieferten) Lyrik im deutschsprachigen Raum liegen im Mittelalter (höfische Lyrik, Vagantenlyrik) und weisen Bezüge zu antiken Vorbildern, volkssprachlichen Überlieferungen und christlichen Formen auf.[5] Im Bereich der Gestaltung hat die Lyrik zahlreiche Formen hervorgebracht. Neben traditionellen Gedichtformen wie Ode, Hymne und Sonett stehen Sonderformen wie Ballade und Lehrgedicht sowie Weiterentwicklungen bis hin zum Sprachspiel.

3.1. Strukturmerkmale der Lyrik

In den nun folgenden Abschnitten werden Merkmale lyrischer Texte erläutert und wird die entsprechenden Fachtermini eingeführt. Schon in den im einleitenden Abschnitt wiedergegebenen Beschreibungsversuchen von Lyrik wird deutlich, dass ein Beziehungsgeflecht zwischen thematischen und formalen Merkmalen, zwischen Gehalt, Gestaltung und Intention besteht. Dieses Beziehungsgeflecht gilt es bei einer Gedichtinterpretation aufzudecken und zu erläutern sowie in seiner (möglichen) Wirkung zu beschreiben.

3.1.1. Thema, Stoff, Motiv

Die Gattung Lyrik ist durch inhaltliche Weite und thematische Vielfalt gekennzeichnet; dennoch gibt es Themen (Themenbereiche) die immer wieder und zu allen Zeiten in Gedichten aufgegriffen worden sind, etwa die Themen Liebe und Natur, aber auch Themen aus den Bereichen Gesellschaft und Staat (Krieg). Diese Themen werden, z. B. in Gedichtsammlungen, oft als Zuordnungskriterien verwendet (Liebe im Gedicht, Krieg im Gedicht, Natur und Landschaft im Gedicht, Welt der Arbeit etc.). „Die eigentliche Ebene des ‚Gehalts' wird beim Gedicht durch die **Idee**, das **Thema** oder **Problem**, auch die **Stimmung** gebildet, bei deren Gestaltung alle Elemente des

---

3 „Es gibt viele Gedichte, die kein festes Metrum haben, einen Rhythmus haben jedoch alle." (Dietrich Erlach, *Lyrik vom Mittelalter bis zur Gegenwart/Eine thematisch und literaturhistorisch geordnete Gedichtsammlung/Stationen der Literatur/Text und Arbeitsbücher für den Literaturunterricht in der Sek. II* (Hrsg. H. Biermann/B. Schurf), Düsseldorf 1986, S. 261); auch G. von Wilpert betont die Bedeutung des Rhythmus', wenn er schreibt: „Grundlage der sprachlichen Bindung bildet der Rhythmus, auch als sog. freier Rhythmus, zu dem ein metrisches Schema und Reim, als Gliederung Vers und Strophe dazutreten können." (ebd.)
4 H. Biermann/B. Schurf, *Texte und Strukturen*, ebd., S. 137 (Hervorhebung im Original)
5 vergl. E. Hermes, *Abiturwissen Lyrik*, Stuttgart 1988, S. 103 und U. Klein, Lyrik in D. Krywalski, ebd., Bd. 2, S. 293

Gedichts zusammenwirken."[6] Die Gestaltung des Themas oder Problems, der Idee oder der Stimmung finden dabei ihren Ausdruck in der Verwendung bestimmter **Motive**. „Unter Motiv versteht man das Schema einer als menschlich bedeutsam empfundenen Situation, in der sich das Thema sinnfällig veranschaulicht. Es sind zentrale Situationen im Leben, die zu den Grunderfahrungen des Menschen gehören, z. B. das Erlebnis der Jahreszeiten, der Lebensalter, Tag und Nacht, des Abschieds, des Krieges, der Natur, Leben und Tod. Diese Motive, die Grunderfahrungen spiegeln, werden allgemeine oder wiederkehrende Motive genannt."[7] Das Motiv des Abschieds kann z. B. in einem Gedicht, das thematisch der Kriegs- oder Antikriegslyrik zuzuordnen ist, auftauchen (die Mutter, die Abschied nimmt von ihrem Sohn, der in den Krieg zieht), aber auch in einem Liebesgedicht (Geliebter und Geliebte nehmen voneinander Abschied).

Neben diesen wiederkehrenden Motiven kann es auch zeitgebundene Motive geben bzw. Motive, die im Laufe der Jahrhunderte einen Bedeutungswandel erfahren haben (so sind das Motiv der Naturzerstörung oder der Kommunikationsstörung eher neuzeitliche Motive, das ‚Vanitas-Motiv‘ findet demgegenüber in der Lyrik von Andreas Gryphius eine zeitgebundene Ausformung[8]). Motive eines Gedichts können ebenfalls in spezifischer Weise auf einen **Stoff** zurückgreifen, der bereits außerhalb des Gedichts existiert und/oder in anderen literarischen Werken (Gattungen) bereits behandelt worden ist oder behandelt wird. Das an anderer Stelle des Bandes bereits erwähnte Prometheus-Gedicht von Goethe (siehe 1.1.3.) greift einen antiken Stoff auf und rückt dabei ein eigenständiges Motiv in den Vordergrund (das selbstbewusste Aufbegehren gegen die Götter).

Bei der Analyse eines Gedichts gilt es, einen Blick darauf zu werfen, in welcher Form das Motiv gestaltet wird, welcher Aspekt eines Motivs betont wird, wie das Motiv dargestellt und bewertet wird, welche konkrete inhaltliche Ausformung es also erhält. Dabei ist einerseits die historische (durch den literaturhistorischen Wandel bestimmte) und die individuelle, also auf den jeweiligen Autor bezogene Gestaltung des Motivs zu beachten, andererseits müssen die Verknüpfung mit anderen Motiven **(Motivgefüge)** und die sprachlich-stilistische Ausformung des Motivs ins Blickfeld geraten, um die Gestaltung des Gehalts eines Gedichtes und seine Intention zu erfassen.

6   E. Hermes, (Lyrik) ebd., S. 62
7   U. Wernicke, ebd., S. 86; eine weitere Definition des Begriffs Motiv sei hier zur Erklärung angefügt: „Unter Motiven sind bedeutungsvolle Situationen (Ankunft und Abschied, Begegnung und Trennung), menschliche Grunderfahrungen (Schmerz, Freude, die Eitelkeit alles Irdischen, die Todesverfallenheit) oder auch wesentliche Elemente eines Stoffbereichs (die Jahreszeiten, Tag und Nacht, Sonne und Mond, Landschaften, der Wald, Tiere und Pflanzen für den Bereich ‚Natur‘) zu verstehen". (D. Erlach, ebd., S. 254)
8   siehe hierzu Adalbert Elschenbroich, *Das Vanitas-Motiv bei Gryphius* in D. Erlach, ebd., S. 108

Motivverknüpfung und **Motivhintergrund** sind besonders stark von der historischen Epoche, in der das Gedicht entstanden ist, bestimmt.[9]

3.1.2. Sprecher und lyrisches Ich/Adressatenbezug

Bei Gedichten liegt die Vermutung nahe, dass derjenige, der die Aussage trifft oder etwa ein Erlebnis schildert, mit dem Autor (der Autorin) identisch ist. Aber wie bei der Epik Autor und Erzähler nicht identisch sind, so müssen der Sprecher im Gedicht und der Autor (die Autorin) ebenfalls nicht identisch sein. Wie der Erzähler in der Epik ist der Sprecher im Gedicht zunächst einmal Vermittlungsinstanz zwischen Autor, Gegenstand und Adressat. „Der Sprecher erfüllt für den Autor den Zweck, mit diesem ‚Stilmittel' die Struktur des Textes zu organisieren."[10] Der Sprecher kann ein „Ich-Sprecher" sein; in diesem Fall wird er als lyrisches Ich bezeichnet. Allerdings kann der Sprecher auch überhaupt nicht als solcher greifbar sein, z. B. wenn er, scheinbar außerhalb des Gedichts stehend, ein Geschehen, einen Vorgang, ein Ereignis mit Distanz darstellt. Der Sprecher im Gedicht kann auch eine vom Autor erfundene Figur sein, die eine bestimmte Aussage trifft, die in völligem Gegensatz zu den persönlichen, etwa den politischen Auffassungen des Autors steht (**Rollensprechen**).
Dementsprechend vielfältig kann die Ausformung des lyrischen Ichs in einem Gedicht erscheinen. Es kann ein persönliches Erlebnis oder einen allgemeinen Gegenstand zum Thema machen; die dabei deutlich werdenden Gefühle können durch emotionale Regungen mit großer Spannweite (Freude, Trauer, Hoffnung, Enttäuschung) gekennzeichnet sein; das lyrische Ich kann die Wertvorstellungen (Normen, sittliche Vorstellungen) seiner Zeit und seiner Gesellschaft aufgreifen oder sie verwerfen; es kann für eine Gruppe sprechen oder nur für sich selbst und kann versuchen, Einfluss auf den Adressaten zu nehmen. Das lyrische Ich kann (sich selbst) kritisch reflektieren, einen ironischen, getragenen, ernsten oder einfachen Ton anschlagen. Von der konkreten Ausgestaltung des lyrischen Ichs werden nicht nur andere Elemente des Textes selbst beeinflusst, sondern auch die zum **Adressaten** aufgebaute Beziehung. Ein Adressat kann im Text angesprochen werden; dieser Adressat kann wiederum ein „Du", ein „Ihr", ein bestimmter Mensch oder eine Gruppe sein; der Adressat kann aber auch „außertextlich" angesiedelt sein, eine für den Autor (und natürlich das lyrische Ich) völlig unbekannte Einzelperson oder auch eine Gruppe, eine soziale Schicht etc. Der Adressat kann zum Mitfühlen (Einfühlen), zum Reflektieren oder sogar zum Handeln aufgefordert werden.[11]

9 vergl. u. a. U. Wernicke, ebd., S. 87, E. Hermes, (Lyrik) ebd, S. 67 ff.
10 U. Wernicke, ebd., S. 87
11 vergl. hierzu E. Hermes, (Lyrik) ebd., S. 26 u. D. Erlach, ebd., S. 254 f.

3.1.3. Form

Der Lyriker Gottfried Benn hat einmal ausgeführt: „Die Inhalte eines Gedichtes, sagen wir Trauer, panisches Gefühl, finale Strömungen, die hat ja jeder, das ist der menschliche Bestand, sein Besitz in mehr oder weniger vielfältigem oder sublimem Ausmaß; aber Lyrik wird nur daraus, wenn es in eine **Form** gerät, die diesen Inhalt autochthon macht, ihn trägt, aus ihm mit Worten Faszination macht."[12] Peter Wapnewski hat seine Auffassung auf die einfache Formel gebracht: „Gedichte sind genaue Form."[13] So einleuchtend diese Ausführungen auf den ersten Blick klingen, so schwierig wird es allerdings, den Formbegriff inhaltlich genau zu füllen. Gerade der zitierte Benn selbst ist ein gutes Beispiel, wenn es um die Formproblematik der Lyrik geht, hat er doch mit seinen frühen Gedichten (die Gedichtsammlung *Morgue* von Benn umfasst Texte aus den Jahren 1912 bis 1920) sowohl auf der Ebene des Inhalts als auch auf der Formebene Konventionen der Lyrik in drastischer Weise gesprengt.[14] Begnügt man sich nicht damit, unter Form bestimmte **einzelne Formelemente**, wie z. B. Strophe, Reim oder Metrum zu verstehen, so bedeutet Form das Zusammenspiel von **stilisierter Knappheit im Ausdruck, rhythmischer und lautlicher Gestaltung, Gliederung der Aussage** und von **Verweisungszusammenhängen vielfältiger Art** auf der Ebene des verwendeten Sprachmaterials.[15] Ob und wie es gelungen ist, Inhalt und Form eines Gedichts in Einklang zu bringen, das Geschilderte also zu verdichten (sprachlich dicht zu machen, etwa mit einem Minimum an sprachlich-gestalterischem Aufwand ein Maximum an Aussage zu erzielen), kann jeweils nur am einzelnen Gedicht entschieden werden; eine allgemein gültige Regel gibt es nicht, denn die Frage nach der Form unterliegt in besonderem Maße den jeweiligen Zeitauffassungen über die Dichtkunst (Poetik) und ist somit stark dem gesellschaftlichen und historischen Wandel sowie dem Wandel der Auffassungen von/über Dichtung unterworfen. Deshalb spielt auch der jeweilige Rezipient eine bedeutende Rolle, insofern er das Beziehungsgeflecht von Formelementen, Bedeutungszusammenhängen auf sprachlicher Ebene, lautlichen und klanglichen Strukturen und Wirkung bzw. Wirkungsabsicht im Vorgang der Rezeption jeweils neu und individuell herstellen muss.

Formproblematik der Lyrik

---

12 G. Benn, *Probleme der Lyrik, Marburger Rede*, Wiesbaden 1951 zitiert nach Edgar Neis, Wie interpretiere ich Gedichte und Kurzgeschichten? Methoden und Beispiele, Hollfeld 1977, S. 7 Worterklärungen: autochthon = eigenständig///sublim = erhaben

13 P. Wapnewski, *Gedichte sind genaue Form*. In: Die Zeit, Nr. 6 vom 28. 1. 1977; S. 25 zitiert nach H. Biermann/B. Schurf, ebd., S. 134

14 zum Gedichtzyklus *Morgue* (Hochmut/Dünkel, aber auch Leichenschauhaus/Leichenhalle) gehört z. B. das bekannte Gedicht *Kleine Aster*, das mit der Zeile beginnt: „Ein ersoffener Bierfahrer wurde auf den Tisch gestemmt." (G. Benn, *Gedichte*, Wiesbaden und Zürich 1956, S. 17) siehe auch 3.1.6.

15 vergl. hierzu E. Hermes, ebd., S. 31 f.

3.1.4. Formelemente 1: Vers und Rhythmus

Jegliches Sprechen, auch das Sprechen in unserer Umgangssprache (Alltagssprache), ist durch eine bestimmte Struktur gekennzeichnet. Wir setzen Pausen, zumeist am Satzende oder nach mehreren Sätzen, wir heben (durch Betonung oder Variation der Lautstärke) einzelne Wörter oder Wortgruppen hervor; auch die Wörter selbst unterliegen einer Betonung: Sie weisen Akzente auf (wir betonen nicht alle Silben eines mehrsilbigen Wortes gleich stark); wir können durch die Satzstellung bestimmte Satzteile hervorheben (etwa durch die Spitzenstellung). In verschriftlichter Prosasprache markieren wir Sinnabschnitte durch Absätze, Einheiten auf der Ebene der syntaktischen Strukturen durch Satzzeichen. Die für die Prosasprache genannten Merkmale treffen auch auf lyrisches Sprechen zu, aber sie treten hier in einer auf besondere Art und Weise organisierten Form auf: Es entstehen **Verse**. Erscheint uns die Prosasprache als linearer Fluss von Sinneinheiten, so akzentuiert die Versgestaltung, die den linearen Fluss unterbrechen kann (nicht muss), bestimmte Sinneinheiten. Inhaltliche Einheiten, also z. B. ein Satz oder der Teil eines Satzes, können mit der Verszeile übereinstimmen, etwa wenn Satzende und Versende in eins fallen; der Vers schließt dann (wie in der Prosasprache der Satz) mit einer Pause. In einem solchen Fall spricht man vom **Zeilenstil**. Wird die syntaktische Einheit über die Verszeile hinausgeführt, überspringt die Satzeinheit also die Verseinheit, kommt es zum **Enjambement** (am Versende wird keine Pause gesetzt). Werden mehrere Verse durch eine Folge von Enjambements miteinander verknüpft, so dass die Satzbögen die Verse umgreifen bzw. miteinander verhaken, kommt es zum **Hakenstil**.

Der regelmäßige Wechsel betonter und unbetonter Silben eines Verses führt zu einem **Versmaß (Metrum)**; die kleinste Einheit dabei ist der **Versfuß (Takt)**, der zur Einteilung der Verszeilen und zu ihrer Unterscheidung dient (liegt z. B. ein Jambus vor, ein Zweisilber, dessen zweite Silbe betont wird, und weist der Vers sechs solcher Jamben auf, wobei zumeist nach der dritten Hebung eine Zäsur, ein Einschnitt, auftritt, so handelt es sich bei dem Vers um einen ‚Alexandriner' → siehe hierzu aber ausführlicher den Abschnitt **3.1.5.**)

Die metrische Gestaltung der Verse beeinflusst nicht unwesentlich den **Rhythmus**, die rhythmtische Struktur eines Gedichts. „Im Metrum ist die regelmäßige Abfolge der Hebungen und Senkungen bzw. Längen und Kürzen vorab festgelegt, abziehbares und übertragbares Schema, und erst in dessen sprachlicher Erfüllung aus dem Schwung der lebendig eingeordneten Rede entsteht der Rhythmus, mitbewirkt vom gedanklichen Gehalt, besonders der Wiederkehr und Gliederung der Haupttonstellen (Akzente), vom Tempo und der Tonabstufung in betonte und unbetonte bzw. lange und kurze Teile durch Nachdruck oder Dauer."[16] Der Rhythmus eines

---

16 G. von Wilpert, ebd., S. 644

Gedichtes ist also bestimmt durch die jeweilige Sprechbewegung, eine spezifische Gestaltung durch das Setzen von Pausen und Akzenten und den Aufbau von Sinneinheiten. Das Metrum ist die Folie, auf der sich der Rhythmus entwickelt, wobei daran erinnert werden soll, dass ein Gedicht ein festes Metrum haben kann, aber nicht haben muss. Im gegebenen Text ist also das Metrum ein eher statisches Moment, insofern es bestimmten Gesetzmäßigkeiten unterliegt (also einem vorgegebenen Schema folgt). Der Rhythmus ist demgegenüber ein dynamisches Moment, das im vorgegebenen Rahmen des Metrums seine individuelle Ausgestaltung erfährt.

Ist der Rhythmus metrisch völlig ungebunden, fehlt ein Reim, sind die Verszeilen unterschiedlich lang, was wiederum eine unterschiedliche Anzahl von Hebungen und Senkungen in den einzelnen Versen hervorrufen kann, und erfolgt die Gliederung des Gedichts nicht nach Strophen, sondern nach Versgruppen, die aber zumeist in einem inhaltlichen Zusammenhang (Sinnzusammenhang) stehen, kommt es zu **freien Rhythmen**.[17] (Goethes Gedicht *Prometheus*, dessen erste Zeilen in Abschnitt **1.1.3.** behandelt worden sind, ist in freien Rhythmen verfasst.)

3.1.5. Formelemente 2: Versmaße, Strophenformen, Gedichtformen, Reime und Klangstrukturen/Lautfolgen

Aus der Fülle der Formelemente, die uns in der Lyrik begegnen, sollen im folgenden Abschnitt einige vorgestellt werden. Begonnen wird mit den kleinen Einheiten (Versfüße), aus deren Art und Anzahl sich wiederum bestimmte Verszeilen ergeben. Anschließend werden Strophenformen und klangliche Einheiten vorgestellt. Ausdrücklich soll an dieser Stelle noch einmal darauf hingewiesen werden, dass die *reine Aufzählung bzw. Benennung von Formelementen noch keine Analyse darstellt*. Erst im Zusammenspiel mit anderen Textkonstituenten ist ihre Bedeutung für die Wirkungsabsicht des Gedichtes und seine Aussage zu erfassen.

3.1.5.1. Versmaße

Das Metrum (das Versmaß) ergibt sich (im Deutschen) durch den regelmäßigen Wechsel von Hebungen und Senkungen, den Wechsel von betonten und unbetonten Silben. Die kleinste Einheit ist der **Versfuß** oder **Takt**. Am häufigsten begegnen uns **Jambus, Trochäus, Daktylus** und **Anapäst**. Jambus und Trochäus sind zweisilbige Versfüße, wobei beim Jambus die zweite Silbe betont wird, beim Trochäus dagegen die erste Silbe. Der

17 vergl. G. von Wilpert, ebd., S. 271 f. und D. Erlach, ebd., S. 261

Jambus hat also einen steigenden Charakter, der Trochäus einen fallenden. Daktylus und Anapäst weisen drei Silben auf; beim Daktylus wird die erste Silbe betont, beim Anapäst die dritte.

Art und Anzahl der Versfüße ergeben unterschiedliche Versmaße (also etwa zweihebiger Jambus, vierhebiger Trochäus → der Vers weist zwei Jamben bzw. vier Trochäen auf). Einige Versformen haben eigene Namensbezeichnungen: ein fünfhebiger, reimloser Jambus ist ein **Blankvers**; ein sechsfüßiger Jambus (mit Zäsur nach der dritten Hebung) heißt **Alexandriner**.

Der **Hexameter** ist ein sechsfüßiger Daktylus (allerdings können Trochäen hierbei einzelnen Daktylen ersetzen, und der letzte Takt ist immer verkürzt und ein Trochäus). Der **Pentameter** ist ebenfalls ein sechsfüßiger Daktylus, aber auf die dritte Hebung folgt sofort die vierte, und der Pentameter endet mit einer Hebung. Treten Hexameter und Pentameter kombiniert auf, so spricht man von einem **Distichon**.

Endet eine Verszeile mit einer betonten Silbe, so spricht man von einer männlichen **Kadenz** (männlich-stumpf), endet die Verszeile auf einer unbetonten Silbe, wird die Kadenz als weiblich bezeichnet (weiblich-klingend).

3.1.5.2. Strophenformen

Von einer **Strophe**[18] spricht man dann, wenn mehrere Verszeilen (die gleich, aber auch unterschiedlich gebaut sein können) miteinander verbunden sind, regelmäßig wiederkehren und somit eine größere metrische Einheit ergeben.

Eine recht einfache Form der Strophenbildung ist die **Verspaarkette**. Es handelt sich hierbei um eine Folge von Verspaaren, die zumeist einen Paarreim aufweisen. Die **Volksliedstrophe** ist vierzeilig, ist oftmals durch einen regelmäßigen Wechsel betonter und unbetonter Silben und (fast) immer eine Reimbindung von mindestens zwei Versen gekennzeichnet. Eine **Sestine** ist eine sechszeilige Strophe mit einem regelmäßigen Reimschema. Das **Distichon** (s. o.) kann in **Elegien** (s. u.) als Strophe auftauchen. Bei der **Terzine** sind jeweils drei jambische Elfheber durchgängig mittels eines Reims verbunden (also etwa aba/bcb/cdc).

3.1.5.3. Gedichtformen

Im Zusammenspiel von Versformen, Versanzahl, Reimen und Strophen ergeben sich bestimmte Gedichtformen. Das **Lied** tritt in einer Fülle von

---

18 Der Begriff wird nicht immer einheitlich verwendet. Biermann und Schurf (ebd., S. 138) führen z. B. das Sonett unter den Gedichtformen auf, bei Hermes (Lyrik, ebd., S. 54) wird es als Strophenform geführt.

Varianten auf. Gemeinsame Merkmale der unterschiedlichen Formen sind die relative Kürze von Versen und Strophen, das Vorhandensein von Reimen und (zumeist einfachen) metrischen Grundformen. In Liedern ist oftmals ein **Refrain** (Kehrreim) zu finden, also eine regelmäßige Wiederholung eines Verses oder einer Versgruppe zumeist am Ende der Strophe.

Eine Elegie war ursprünglich durch ihr metrisches Schema bestimmt, eine Reihung von **Distichen** nämlich. Der Begriff Elegie hat allerdings einen Bedeutungswandel erfahren. Nicht mehr allein die metrische Form, sondern die Stimmungslage gilt als kennzeichnend für die Elegie (sanft, traurig, schwermütig, wehmütig).

Das **Sonett**, das wir besonders häufig in der Dichtung des Barock antreffen, besteht aus zwei **Quartetten** (Vierzeilern) und zwei **Terzetten** (Dreizeilern). Die Quartette weisen das Reimschema abba auf, die Terzette das Reimschema cdc cdc oder ccd eed, wobei jedoch Variationen möglich sind.

Die **Ode** ist ein reimloses, strophisch gegliedertes und eher langes Gedicht, das ein festes Metrum, aber durchaus auch freie Rhythmen aufweisen kann und von einem oft pathetischen Sprachstil geprägt ist. Die mit der Ode (inhaltlich, thematisch und vom Sprachstil her) verwandte **Hymne** weist demgegenüber keine formalen Regelmäßigkeiten auf; sie verzichtet also auf klare strophische Gliederung, ein Metrum und Reime.

Die **Ballade** ist strophisch gegliedert; sie ist eine lange Gedichtform und weist Reime und (zumeist) feste Metren auf. Wesentlicher als diese formalen Mittel ist allerdings ihr „erzählender" Charakter. Außergewöhnliche Begebenheiten und Handlungen sowie Schicksalsmomente sind ihr Gegenstand.

3.1.5.4. Reime

Reime sind zunächst einmal Klangmuster. Sie können durch ihre lautlichen Unterschiede, die Zahl der reimenden Silben und ihre Stellung im Vers klassifiziert werden. Als Reim bezeichnet man den (genauen) Gleichklang aller Laute (Silben) zweier oder mehrerer Wörter vom letzten betonten Vokal an (Herz-Schmerz: einsilbiger männlicher Reim). Sind nur die Vokale, nicht aber die Konsonanten identisch, so ergibt sich die **Assonanz**. Zur Kennzeichnung der Reime (der Reimschemata) hat sich die Bezeichnung mit Kleinbuchstaben eingebürgert (a, b, c, d usw. → jeder neue Reim erhält also einen neuen Buchstaben).

Bei der lautlichen Klassifizierung von Reimen unterscheidet man **reine Reime** (also etwa Herz und Schmerz/laufen u. kaufen) von **unreinen Reimen** (Weite u. heute/grüßen u. fließen). Selten wird man identische Reime finden (zwei Verszeilen enden mit dem gleichen Wort) oder doppelte Reime (immerdar u. nimmer wahr).

Nach der Zahl der reimenden Silben klassifiziert, ergeben sich z. B. **einsilbi-ge** Reime (Herz/Schmerz) oder **zweisilbige** Reime (Herzen/Schmerzen)[19].
Bei der Einteilung der Reime nach ihrer Stellung im Vers sind die unterschiedlichen Formen des **Endreims** am häufigsten anzutreffen. Die bekanntesten Varianten sind dabei der **Paarreim** (aa bb cc usw.), der **Kreuzreim** (abab cdcd usw.) und der **umschließende Reim** (abba cddc usw.). Weitaus seltener als diesen Formen wird man dem **Anfangsreim** begegnen. Beginnen betonte Wörter am Versanfang mit dem gleichen Anlaut, so liegt ein **Stabreim** vor.

3.1.5.5. Klangstrukturen/Lautfolgen

Für den sinnlichen (klanglichen) Eindruck, den ein Gedicht bei uns hinterlässt, sind neben den Reimen (und den anderen erwähnten Gestaltungsmitteln) die durch die auftauchenden Vokal- und Konsonantenkombinationen entstehenden Lautfolgen verantwortlich. Das Vorherrschen „dunkler" Vokale (o und u etwa) ruft eine andere Stimmung hervor als die Verwendung „heller" Vokale (e, i). Das „o" empfinden wir wiederum als „volltönend", das „i" kann eine als unangenehm empfundene „Stimmungslage" tragen (wenn wir etwas als unangenehm oder ekelig empfinden, stoßen wir ein langes, spitzes „iiiih!" aus). Manche Konsonanten empfinden wir eher als „weich", z. B. das „b", das „s" hat oft einen scharfen, spitzen Klang. Diese Beispiele sind nun nicht so zu verstehen, als sei mit den Lauten direkt eine Symbolverbindung herzustellen; aber die lautliche Folge eines Gedichtes beeinflusst unser Empfinden. Oder, aus der Sicht des Adressaten: Jeder Rezipient eines Gedichtes nimmt die Klangstrukturen und Lautfolgen subjektiv wahr, entwickelt sozusagen seine eigene Sprachmelodie. Das Verständnis, der subjektive Sinnaufbau wird somit durch die Klangstrukturen beeinflusst. In bestimmten Formen der Lyrik (Dadaismus/konkrete Poesie) werden genau diese Klangstrukturen und das mit ihnen durchaus subjektive Empfinden zum Hauptmaterial, hinter dem die lexikalische Bedeutung sinntragender Wörter völlig zurücktreten kann.

3.1.6. Bedeutungsgefüge 1: Wort im Kontext[20]

Aus der Gesamtheit der Formelemente eines Gedichts ergibt sich im Zusammenwirken mit den bedeutungtragenden inhaltlichen Einheiten des Gedichts, den Lexemen, das Bedeutungsgefüge des Textes. Anders

---

19 entsprechend ändern sich die Kadenzen (Herz/Schmerz → männlich-stumpf; Herzen/
  Schmerzen → weiblich-klingend)
20 siehe hierzu vergleichend auch 3.1.8.

formuliert: Wörter (Lexeme) in einem Gedicht stehen nicht für sich, sondern ihre konkrete Bedeutung entfaltet sich erst im Textganzen, also unter Berücksichtigung der metrischen Strukturen, der klanglichen und lautlichen Elemente etc.

Wenn wir den Inhalt eines Textes zusammenfassen, dann bewegen wir uns auf der Ebene des **Gegenstandsbezuges** der verwendeten Wörter, wir erfassen ihren semantischen Kern, das **Denotat**, denn wir haben eine Vorstellung von der lexikalischen Bedeutung der Wörter. Die gegebenen Denotate haben aber neben ihrem semantischen Kern weitere Bedeutungen, Nebenbedeutungen, rufen Assoziationen beim Rezipienten hervor, die **Konnotationen** genannt werden. Diese Konnotationen sind einerseits eng mit dem jeweiligen Denotat verbunden, es sind generelle Konnotationen, die sozusagen überindividuell im Zusammenhang mit dem Wort entstehen. Daneben bringt jeder Rezipient aber individuelle Konnotation ein, wenn er einen Begriff aufnimmt.[21]

Die jeweiligen Konnotationen werden in einem Gedicht wesentlich durch den Zusammenhang, in dem das Lexem sowohl auf inhaltlicher als auch auf formaler Ebene steht, beeinflusst. Erst dadurch wird ein **Sinnzusammenhang** hergestellt, der für die Interpretation des Gedichtes entscheidend ist. Als Beispiel kann das Wort „Aster" im bereits erwähnten Gedicht *Kleine Aster* von Gottfried Benn dienen.[22] Das lyrische Ich schildert drastisch und gleichzeitig sachlich kühl eine Autopsie an einem *„ersoffene(n) Bierfahrer"*, dem *„irgendeiner"* eine *„dunkelhelllila Aster zwischen die Zähne geklemmt"* hatte.

Gottfried Benn (1886–1956)

Kleine Aster (1912)

Ein ersoffener Bierfahrer wurde auf den Tisch gestemmt.
Irgendeiner hatte ihm eine dunkelhelllila Aster
zwischen die Zähne geklemmt.
Als ich von der Brust aus
5 unter der Haut
mit einem langen Messer
Zunge und Gaumen herausschnitt,
muß ich sie angestoßen haben, denn sie glitt
in das nebenliegende Gehirn.
10 Ich packte sie ihm in die Brusthöhle

---

21 vergl. hierzu U. Wernicke, *Sprachgestalten* Bd. 1/Lese und Schreibweisen: Sprachliches Handeln in Theorie und Praxis, Hamburg 1983, S. 20
22 Es folgt jetzt keine Interpretation des Gedichtes, sondern lediglich ein Aspekt, die Kontextbedeutung des Wortes „Aster", wird in Ansätzen untersucht!

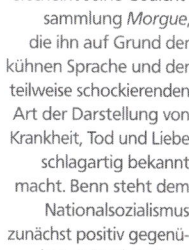

Gottfried Benn

Benn wird 1886 geboren. Er studiert Medizin und nimmt am 1. Weltkrieg als Militärarzt teil. 1913 erscheint seine Gedichtsammlung *Morgue*, die ihn auf Grund der kühnen Sprache und der teilweise schockierenden Art der Darstellung von Krankheit, Tod und Liebe schlagartig bekannt macht. Benn steht dem Nationalsozialismus zunächst positiv gegenüber, geht aber dann immer stärker auf Distanz zu den Machthabern des NS-Regimes. Bis zu seinem Tod lebt er in Berlin.

zwischen die Holzwolle,
als man zunähte.
Trinke dich satt in deiner Vase!
Ruhe sanft,
15   kleine Aster![23]

Auf den ersten Blick fällt auf, dass der Titel und die Schlusszeile des Gedichtes, in denen die Aster erwähnt wird, identisch sind; auch in der 2. Verszeile wird das Wort „Aster" verwendet, der „Aster" kommt eine besondere Bedeutung zu, es hat die Funktion eines **Schlüsselwortes.** Zudem entwickelt das lyrische Ich eine „persönliche Beziehung" zu der Aster (das Du in der direkten Ansprache, die Personifikation durch die Verwendung der Verben „ruhen" und „trinken"). Dadurch entsteht gleichzeitig ein starker Kontrast zum kalten und geschäftsmäßigen Umgang mit dem „Bierfahrer", der wie ein Objekt, eine Sache auf den Tisch „gestemmt" wird und der mit professioneller Routine untersucht, eher ausgeschlachtet wird. Er wird schließlich zur „Vase" für die Aster! Der Verdinglichung des Menschen steht also eine Vermenschlichung der Blume gegenüber! Welche Bedeutung kommt nun aber der Aster im Textzusammenhang zu, wenn es Benn nicht lediglich um einen grotesken Schockeffekt, eine Parodie auf Naturlyrik oder die Darstellung ärztlichen Zynismus geht (Benn war ja selbst Arzt für Haut und Geschlechtskrankheiten und hat etwa 300 Autopsien durchgeführt)? Die Aster ist eine Blume, eine Zierpflanze; das wäre in etwa der begriffliche Kern (das Denotat) des Wortes Aster. Welche Assoziationen (konnotativen Nebenbedeutungen) stellen sich im Textgefüge, also unter Berücksichtigung der oben kurz umrissenen inhaltlichen formalen Bezüge, ein? Mehrere Möglichkeiten eröffnen sich:

– Die Aster steht symbolisch für die Natur, die ja bereits weit vor dem Menschen und unberührt von ihm existierte; wird dem Toten ein Element der Natur beigegeben, so macht das seine stoffliche Existenz deutlich, der Tote wird Teil der Natur, seine geistig-seelische Dimension wird unbedeutend.
– Die Aster steht symbolisch für „das Schöne", das „Ästhetische". Selbst in der grausamen Nüchternheit weiß gekachelter Leichenhallen gibt es Momente des Schönen, des Vollkommenen.
– Die Aster ist die „Sternenblume"; sie könnte somit auch auf Ewigkeit, Transzendenz, Himmlisches verweisen.
– Und mit der Aster sind in diesem Text Empfindungen verbunden; der geschäftsmäßige Betrieb wird für einen magischen Moment unterbrochen, in dem Gefühle in die kalte Welt einbrechen.

23 G. Benn, *Kleine Aster,* ebd., S. 17

In welchen Sinnzusammenhang das Wort „Aster" in dem Gedicht (über die vorgestellten Assoziationen hinaus) eingebettet wird (weitere Möglichkeiten der Assoziation sind denkbar), muss die Analyse des gesamten Gedichtes, somit auch seiner formalen Strukturen, ergeben. Deutlich ist aber, so hoffe ich, geworden, dass Wörter erst im Kontext eines Gedichtes ihre Bedeutungskraft entfalten.

Diese Bedeutungskraft entfaltet sich allerdings nicht nur dadurch, dass jedes (Sinn tragende) Wort neben seinem denotativen Kern auch Konnotationen aufweist, sondern auch dadurch, dass Wörter und Wortgruppen im Textganzen zu **lyrischen Bildern** gefügt sein können.

3.1.7. Bedeutungsgefüge 2: Bild im Text

Das **„Bild"** wird in Darstellungen über die Lyrik immer wieder als wichtigstes Sinn tragendes Element bezeichnet. „Das vielleicht wichtigste Sinnelement lyrischer Texte liegt auf der Ebene der *Bildlichkeit"*, heißt es etwa bei Biermann und Schurf (ebd., S. 139/Hervorhebung im Original). U. Wernicke führt aus: „Die wichtigste sprachliche Fügung in der Lyrik ist das Bild", und D. Erlach spricht von der „zentrale(n) Bedeutung der Bildlichkeit".[24] Es gilt also zu klären, was ein Bild überhaupt ist, wie ein Bild entsteht, welche Aufgabe es hat und welche Formen bildlichen Sprechens im Gedicht (häufig) verwendet werden.

Bild wichtigstes Sinn tragendes Element

Bildliches Sprechen ist zunächst einmal eine Form „uneigentlichen Sprechens": Das Gemeinte wird also in einen sprachlichen Ausdruck, das Bild, gebracht, der die beabsichtigte Aussage veranschaulicht, versinnbildlicht. Ein Bild beruht auf der Möglichkeit der Sprache, Wörter aus einem bestimmten semantischen Bereich zu Wörtern eines anderen semantischen Bereichs in Beziehung zu setzen, also eine Übertragung vorzunehmen. Wörter werden ihrem ursprünglichen Zusammenhang entnommen und in einen neuen Zusammenhang gestellt. Die Art der Übertragung bestimmt dabei wesentlich die Gestaltung des Bildes, die konkrete Ausformung, die es annimmt.

Die einfachste Form bildhaften Sprechens ist der **Vergleich** (stark wie ein Löwe). Der Vergleich ist zu erkennen an der Verwendung von Vergleichswörtern (wie, als ob). Das Vergleichswort verbindet zwei unterschiedliche Wirklichkeitsbereiche (Menschenwelt/Tierwelt) über ein gemeinsames Drittes (tertium comparationis), hier die „Kraft" (der Vergleich kann funktionieren, weil wir einem Löwen die Eigenschaft der Kraft zuordnen).

Zahlreiche **Metaphern** sind nichts anderes als verkürzte Vergleiche (es fehlt ein Vergleichswort), aber das tertium comparationis ist deutlich zu erkennen, Sachbereich und Bildbereich können noch getrennt erkannt

---

24 U. Wernicke, ebd., S. 91; D. Erlach, ebd., S. 255

41

werden (ein pfeilschnelles Pferd läuft so schnell, wie ein Pfeil fliegt/das tertium comparationis ist die gemeinsame Eigenschaft der Geschwindigkeit, eine Übertragung zwischen Sachbereich und Bildbereich ist möglich). Es gibt allerdings auch Metaphern, bei denen eine Übertragung zwischen Bildspender und Bildempfänger nicht mehr eindeutig nachvollziehbar und ein tertium comparationis nicht greifbar ist. Wenn es bei Mörike heißt: „Frühling lässt sein *blaues Band* wieder flattern durch die Lüfte", dann können wir uns der Metapher nur assoziativ nähern, indem wir sie in verschiedene Wirklichkeitsbereiche setzen bzw. bestimmte Elemente eines Wirklichkeitsbereiches aufgreifen (wir verbinden das Farbadjektiv blau also etwa mit dem blauen Himmel, gleichzeitig löst die Farbe „blau" bestimmte Gefühlswerte in uns aus; auch das Wort „Band" ist in seiner Bedeutung nicht eindeutig zu erfassen).[25]

Können wir uns bei der Metapher aber immerhin noch bestimmten Wirklichkeitsbereichen assoziativ nähern, eine Beziehung zwischen Sachbereich und Bildbereich ist (annähernd) herstellbar, so ist das bei der **absoluten Metapher**, der **Chiffre**, so gut wie überhaupt nicht mehr möglich. Sie ist hochgradig subjektiver Ausdruck ihres Schöpfers und entfaltet ihre Bedeutung ausschließlich im jeweiligen Textzusammenhang (auf das Beispiel „schwarze Milch der Frühe" in P. Celans „Todesfuge" ist an anderer Stelle bereits hingewiesen worden).

Das **Symbol** (Sinnbild) ist ein ausgestaltetes Bild; ein Ding oder Lebewesen trägt in einem bestimmten Zusammenhang ein komplexes Bedeutungsgefüge, es verkörpert etwas Allgemeines (das „Ding" Rose versinnbildlicht etwa die Liebe, das Kreuz **versinnbildlicht** die christliche Religion).

Die **Allegorie** stellt Parallelen zwischen einem Sachbereich und dem Bildbereich her (in bestimmten Epochen, z. B. dem Barock, wurde dazu gerne auf mythologische Figuren zurückgegriffen). Die Allegorie belebt dadurch einen abstrakten Begriff oder Gegenstand; oft geschieht das durch eine **Personifikation** (ein Greis-Bildbereich steht für das Alter – den Sachbereich/das Allgemeine). Eine **Personifikation** liegt auch dann vor, wenn Unbelebtem/Dingen/Elementen der Natur menschliche Eigenschaften oder Verhaltensweisen zugeordnet werden (das oben angeführte Beispiel der Aster, die „ruht" und „trinkt", sie wird als Gegenüber des Menschen – das Du der Anrede – angesprochen). Der gegenteilige Vorgang ist die **Verdinglichung** (der Bierfahrer in Benns Gedicht wird auf den Seziertisch „gestemmt" wie eine Sache, er wird schließlich zur „Vase" für die Aster).

Eine Sonderform stellt die **Metonymie** dar. Sie beruht nicht darauf, dass zwei Wirklichkeitsbereiche miteinander verbunden werden, sondern dass der Teil eines Ganzen (pars pro toto) für das Ganze steht (pro *Kopf* der Bevölkerung der Bundesrepublik werden jährlich x Liter Bier getrunken).

25 vergl. D. Erlach, ebd., S. 257

Abschließend sei darauf hingewiesen, dass die oben genannten Bildformen sowohl in ihrer Verwendung als auch in ihrer konkreten Ausgestaltung in den unterschiedlichen literaturhistorischen Epochen nicht immer auf gleiche Weise verwendet worden sind. Bei der Entschlüsselung ihrer Bedeutung sind also auch immer, so weit es möglich ist, Rezeptionsvorgaben zu beachten. Hinzu kommt, dass lyrisches Sprechen durchweg bildliches Sprechen ist, auch wenn in einem Gedicht keine der oben aufgeführten Bildformen auftaucht. Dies hat etwas damit zu tun, dass jedes Sinn tragende Wort in einem Gedicht Konnotationen beinhaltet bzw. schafft.

3.1.8. Stil/Stilfiguren

Vom **Stil** eines Gedichtes (eines Textes überhaupt) spricht man, wenn man die ganz spezielle Verwendung von Wörtern, syntaktischen Strukturen und anderen Formelementen in einem gegebenen Text beschreiben will. Der Stil ist jeweils historisch geprägt (durch die Einbettung eines Textes in eine literarische Strömung oder Epoche) und durch die individuelle Gestaltung, für die sich der Autor entscheidet.
Der Stil wird z. B. bestimmt durch die **Sprachschichten** und die **Wortfelder**, die in einem Gedicht auftauchen (Sprachschichten wie Hochsprache oder Umgangssprache, aber auch Fachsprachen der Medizin, der Technik etc./Wortfelder aus dem Naturbereich, der Technik etc.). Ein Text kann durch zahlreiche Nominalisierungen (**Nominalstil**) geprägt sein (Bsp.: Das Verb „anwenden" wird nominalisiert und ihm wird ein Funktionsverb an die Seite gestellt: „zur Anwendung bringen"). Auch Art und Umfang des Bildgebrauchs beeinflussen den Stil eines Textes.
Ein Autor kann sich der künstlichen **Archaisierung** bedienen, indem er Begriffe/Schreibweisen/grammatische Formen verwendet, die als nicht mehr „zeitgemäß" anzusehen sind. Ein Text kann seinen Charakter durch lautmalerische Elemente (**Onomatopoesien**) gewinnen. Der Stil eines Textes kann pathetisch (feierlich), nüchtern-kühl, distanziert oder auch ironisch sein.
Der Interpretierende ist also jeweils neu vor die Aufgabe gestellt, durch die Untersuchung der Gesamtheit der den Text prägenden Ausdrucks- und Gestaltungsmittel den spezifischen Stil des Textes zu analysieren und in seiner Bedeutung für den Text zu erfassen.

Wortfiguren (Abweichung vom üblichen Wortgebrauch) [26]

Bezeichnung	Erklärung	Beispiel
Antiquitas	bewusste Verwendung eines veralteten Ausdrucks	Droschke statt Taxi
Emphase	nachdrückliche Betonung	entsteht durch betontes Aussprechen oder Umstellung
Euphemismus	beschönigender Ausdruck für einen negativen Sachverhalt	„freisetzen" statt „entlassen"
Hyperbel	Übertreibung (Vergrößerung/ Verkleinerung)	blitzschnell
Ironie	durch den Kontext wird klar, dass das Wort anders gemeint ist, als es üblicherweise gebraucht wird	eine unzureichende Klausur wird als „prima Arbeit" bezeichnet
Litotes	Verstärkte Hervorhebung durch Verneinung des Gegenteils	anstatt „klug" also „nicht unklug"
Metapher	siehe ausführlich **3.1.7.**	das Gold ihrer Haare
Metonymie	siehe ausführlich **3.1.7.**	ein Glas trinken
Neologismus	Wortneuschöpfung	unkaputtbar, unabsteigbar
Pleonasmus	Anhäufung von Worten gleicher oder ähnlicher Bedeutung	weißer Schimmel, Schwimmfisch
Periphrase	Umschreibung	statt Staatssicherheitsdienst „Schild und Schwert der Partei"

26 vergl. u. a. H. Schlüter, ebd., S. 30–47; Heinze/Schurf, ebd., S. 320 f.; Hermes, Steinbach u. a., ebd., S. 71–73

Satzfiguren (Abweichung vom üblichen Satzbau)

Bezeichnung	Erklärung	Beispiel
Anakoluth	Satzstörung, z. B. durch Einschub oder Satzbruch	Deine Mutter glaubt nie, daß du vielleicht erwachsen bist und kannst für dich allein aufkommen.
Anapher	Wiederholung eines Wortes oder einer Wortgruppe am Anfang mehrerer aufeinanderfolgender Verse, Sätze oder Satzteile	Wer nie sein Brot mit Tränen aß/Wer nie die kummervollen Nächte (...)
Chiasmus	Symmetrische Überkreuzstellung von Satzgliedern, die sich syntaktisch oder bedeutungsmäßig entsprechen	Die Kunst ist lang, und kurz ist unser Leben
Ellipse	Auslassung eines (oder mehrerer) für die vollständige syntaktische Konstruktion notwendigen Worts, das aber aus dem Sinnzusammenhang erschlossen werden kann	Was (*machen wir*) nun? (*wird ausgelassen*)
Hyperbaton	künstliche Trennung einer zusammengehörigen Wortgruppe	Vater habe ich und Mutter verloren
Klimax	Anordnung einer Wort- oder Satzreihe nach steigerndem Prinzip	Ich kam, ich sah, ich siegte!
Parallelismus	Wiederholung derselben Satzteilreihenfolge in mehreren aufeinander folgenden Sätzen	Heiß ist die Liebe, kalt ist der Schnee.
Zeugma	Verbindung mehrerer gleichgeordneter Wörter mit einem anderen, ihnen syntaktisch übergeordneten Wort, das aber seiner genauen Bedeutung nach nur zu je einem der Wörter passt	Er warf dem Kind einen Blick und einen Ball zu.

Kompositorische Figuren (Abweichung vom üblichen Gedankengang)

Bezeichnung	Erklärung	Beispiel
Anrede	Einbeziehung Dritter, Einbeziehung des Publikums	lasst uns gemeinsam wir wollen zusammen
Oxymoron	Pointierte Verbindung zweier sich gegenseitig ausschließender Begriffe	beredtes Schweigen bittere Süße schwarze Milch (der Frühe)
Paradoxon	Scheinwiderspruch	Eng ist die Welt, doch das Gehirn ist weit
Rhetorische Frage	Frage, deren Antwort bereits feststeht	Wollt Ihr den totalen Krieg?
Zitat	Aussagen anderer, die die eigene Meinung stützen sollen	

Die folgenden Figuren sind nur im Kompositionszusammenhang erkennbar:

Bezeichnung	Erklärung
Exkurs	Ausführungen, die nicht unmittelbar zur Sache gehören, werden eingefügt
Reihung	Zusammenstellung ähnlicher oder gleich lautender Aussagen
Rückgriff	etwas bereits Gesagtes wird noch einmal aufgegriffen
Sprung	ein Zwischenglied wird weggelassen
Vorgriff	Behandlung eines Aspektes, der später ausführlich thematisiert werden soll

3.2. Aspekte der Textanalyse/Analyseraster

Der folgende Abschnitt stellt in einer Übersicht die (wesentlichen) in **3.1.** erläuterten Textkonstituenten noch einmal im Sinne eines Analyserasters zusammen und ist um „außertextliche Bezüge" ergänzt. **Für die Interpretation ist zu beachten, dass das Zusammenspiel der einzelnen Textkonstituenten in ihrer Bedeutung für die Intention (den Aussagegehalt) des Textes erarbeitet werden muss.** Eine rein additive Auflistung von Einzelergebnissen der Untersuchung ist noch keine Analyse/Interpretation! Dieses Analyseraster dient den in 1.1. aufgeführten Vorarbeiten. Das durch die Analyse gewonnene Material muss zu einem Interpretationsaufsatz gestaltet werden (siehe hierzu **1.2.**).

3.2.1. Analyse der Makrostruktur

– Analyse von Thema, Stoff und Motiv
  Welches Thema wird behandelt?
  Wird ein bestimmter Stoff aufgegriffen?
  Welches Motiv wird gestaltet? Gibt es Motivverbindungen und Motivhintergründe?
– Analyse des Sprechers
  Wer ist Sprecher?
  Gibt es ein lyrisches Ich? Wie ist es konkret ausgeformt?
  Für wen spricht es? An wen wendet es sich?
  Wird ein „Grundton" deutlich (pathetisch/nüchtern etc.)?
– Analyse der Gedichtform
  Liegt eine bestimmte Gedichtform vor (z. B. ein Sonett)?
  Welche Gliederungselemente sind zu erkennen?
  Wie sind Vers und Rhythmus gestaltet? In welcher Beziehung stehen sie zueinander?

3.2.2. Analyse der Mikrostruktur

– Analyse von Versmaß, Strophenform, Reimen und klanglichen Strukturen:
  Welche der genannten Elemente tauchen auf und in welchem Verwendungszusammenhang?
  Gibt es auffällige Veränderungen/Wechsel der Elemente in einzelnen Strophen oder Abschnitten des Gedichts?
– Analyse der lyrischen Bilder:
  Welche Bilder und Bildformen werden verwendet?
  In welchen Kontextbezügen stehen sie?

– Analyse der Wörter und ihrer Bedeutung im Kontext:
  Welche Wortfelder und Sprachschichten werden deutlich?
  Welche Konnotationen werden geweckt?
– Analyse sprachlich-stilistischer Mittel und rhetorischer Figuren:
  Welche Stilmittel/Figuren werden verwendet?
  Gibt es Auffälligkeiten im Bereich der syntaktischen Strukturen?

3.2.3. Außertextliche Informationen

– historische, soziologische, politische Einbettung des Textes
– literaturgeschichtliche/literaturtheoretische Einbettung des Textes
– Vorwissen über den Autor (Biografie/Werkgeschichte)
– Kenntnis von anderen Texten des Autors oder Kenntnis von Texten anderer Autoren zum gleichen Thema/Motiv

3.3. Analysebeispiel in Anlehnung an das Raster[27]

(siehe zur Funktion die Vorbemerkung zu 3.2.)

Text: A. Gryphius,

Trehnen des Vatterlandes/Anno 1636

Info

Andreas Gryphius (eigentlich Andreas Greif) wird 1616 geboren. Als Kind verliert er die Eltern. In seinen Gedichten beschreibt er das Lebensgefühl des Barockzeitalters. Viele seiner Gedichte sind durch die Erfahrungen im 30-jährigen Krieg geprägt.

Wir sindt doch nuhmer gantz / ja mehr denn gantz verheeret !
Der frechen völcker schaar / die rasende posaun
Das vom blutt fette schwerdt / die donnernde Carthaun
Hat aller schweis / und fleis / uvd vorrahth auff gezehret.

5 Die türme stehn in glutt / die Kirch is umbgekehret.
Das Rathaus liegt im graus / die starcken sind zerhawn.
De Jungfrawn sindt geschändt / uvd wo wir hin nur schawn
Ist fewer / pest / und todt der hertz und vndt gest durchfehret.

Hier durch die schantz vnd Stadt / rint alzeit frisches blutt.
10 Dreymall sindt schon sechs jahr als vnser ströme flluuVon so viel leichen
schwer / sich langsam fortgedrungen.

27 Die Analysebeispiele in den folgenden Abschnitten sind aus Platzgründen nicht als Aufsätze ausgeführt, sondern notieren in Kurzform bzw. Stichworten Arbeitsergebnisse, die in Anlehnung an das Raster gewonnen worden sind; diese Arbeitsergebnisse (und mögliche weitere) sind als Vorarbeiten für eine schriftliche Interpretation zu verstehen!

Doch schweig ich noch von dem was ärger als der todt.
Was grimmer den die pest / vndt glutt vnd hungers noth
Das nun der Selen schatz / so vielen abgezwungen.

Makrostruktur

– Das **Thema** ergibt sich durch den Gegenstandsbezug, den 30-jährigen Krieg
– **Motive/Motivkomplexe** sind das Leiden des Menschen im Krieg, die Zerstörung der menschlichen Kultur/der Zusammenbruch von weltlicher, geistlicher und sittlich-moralischer Ordnung, die im Verlust der „Seele" gipfeln
– **Der Sprecher ist ein lyrisches Ich**, das sich gleich zu Beginn in die Gruppe der Adressaten (zunächst einmal sind das die Zeitgenossen des Autors) einbezieht: (*Wir* sind doch nunmehr ganz, ja mehr denn ganz verheeret → 1. Vers)
– Das lyrische Ich ist demzufolge nicht distanziert, es nimmt vielmehr emotional Anteil an den im Text verdeutlichten Schrecken und dem daraus entstehenden Leid
– Das lyrische Ich beklagt die Zustände und klagt an
– Der Verlust des Seelenheils wird als größter Verlust eingeschätzt; dies geschieht auf doppelte Weise → einmal durch die Verwendung des Komparativs (*ärger als der Tod/grimmer denn die Pest und Glut und Hungersnot*), dann durch die Stellung (2. Terzett → letzte Zeile (!!) → *Seelen Schatz* / → Gedichtform beachten)
– Hinzu kommt, dass das lyrische Ich sich selbst erwähnt (*schweig ich*), wenn es den Verlust des Seelenheils benennt; das Schweigen heißt hier, die Bedeutung/die Folgen des Verlustes des Seelenheils nicht auszuführen → Adressatenbezug (der Adressat muss diese Leerstelle ausfüllen, die das lyrische Ich durch das Schweigen hinterlässt)
– Bei der **Gedichtform** handelt es sich um ein **Sonett**;
– Form und Inhalt stehen in deutlichem Zusammenhang: Die beiden Quartette und das erste Terzett schildern in drastischen Bildern die in der ersten Zeile erwähnten „Verheerungen", wobei im ersten Terzett der Zeitraum des Krieges angesprochen wird (*Dreimal sind schon sechs Jahr ...*). Das Gedicht ist 1636 entstanden, der Krieg begann 1618, dauert also nun schon 18 Jahre. Es ist eine innere Dynamik erkennbar. Die in der ersten Zeile genannten „Verheerungen" (ein Abstraktum) werden in den folgenden Zeilen der beiden Quartette und des ersten Terzetts konkretisiert, an Beispielen veranschaulicht, im ersten Terzett dann um die Zeitangabe (Dauer des Krieges) ergänzt. Im zweiten Terzett erfolgt der Übergang von den „materiellen" Folgen des Krieges und den Zerstörungen von Kultur und Sitte zu den „seelischen" Folgen (Diesseitigkeit/Jenseitigkeit → menschliches irdisches Leben/ ewiges Leben im religiös-christ-

lichen Sinne). Erst dadurch wird die Aussage der ersten Zeile abgerundet (*ganz, ja mehr denn ganz verheeret*) – dieses „mehr" greift bereits in der ersten Zeile über die materiellen Verheerungen hinaus!
– Das Gedicht entspricht somit der üblichen Tektonik des Sonetts im Barock → die Quartette erfüllen durch die Aneinanderreihung von Gleichem (oder Gegensätzen), hier die konkreten Folgen des Krieges, die Funktion einer Exposition, das erste Terzett konzentriert diese Folgen (Nennung der Zeitdauer und des Andauerns des Krieges sowie der bereits verallgemeinernden Begriffe *Blut* und *Leichen*), das zweite Terzett führt zur Schlussfolgerung, Abstraktion, zur Konsequenz (hier: Verlust des Seelenschatzes).
– Gryphius gelingt es, den symmetrischen Aufbau, der von der Form verlangt wird, kunstvoll und anschaulich zugleich mit Inhalt zu füllen!

Mikrostruktur
Versmaß, Strophenform und Reimschema sind durch die **Gedichtform** bestimmt

– Alexandriner, zwei Quartette, zwei Terzette, Reimschema: abba abba (a jeweils weibl. klingende Kadenz/b jeweils männl. stumpfe Kadenz); ccd eed (c/e → stumpf, d → klingend)
– Durch die Kadenzen kommt es zur Betonung der Versausgänge mit den Wörtern Posaun, Karthaun („Musik" der Kriegsinstrumente und Geschütze), zerhaun, Blut, Flut, Tod, Hungersnot (Folgen des Krieges), die durch dunkle Laute geprägt sind (o, u, au)
– **Klangstruktur/Wort im Text**: Die Wörter lösen (v. a. bei den Zeitgenossen von Gr.) durch persönliches Erleben geprägte Assoziationen aus → Leid, Entbehrung, Angst, Verlust, Schrecken, Tod
– Das lyrische Ich benennt keinen konkreten Gegner, sondern verallgemeinert: *der frechen Völker* Schar → das Übel ist der Krieg überhaupt, nicht eine einzelne Kriegspartei → dadurch besteht für die damaligen und heutigen Rezipienten die Möglichkeit der Übertragung
– **Bilder**: die Sprache ist sehr bildlich (das vom *Blut fette Schwert*, die Ströme sind von Leichen *verstopft*)
– **Reihungen (Aufzählungen)** sind auffällig: Reihung von Subjekten (enumeratio) im ersten Quartett, Reihung von Hauptsätzen (Parataxen) im 2. Quartett, Aufzählungen ebenfalls in den beiden Terzetten
– **Antithetik**: die „normale" Ordnung wird durch den Krieg „auf den Kopf" gestellt: die Kirche ist *umgekehrt*, die Starken sind *zerhaun*, die Jungfrauen sind *geschändet*)
– Es ergibt sich das Gesamtbild einer Apokalypse

Außertextliche Informationen

– Der dreißigjährige Krieg, seine sozialen, politischen, ökonomischen und historischen Folgen

– Gryphius verfasste das Gedicht im Alter von 20 Jahren (Geburt 2. 10. 1616), sein Leben war durch den Krieg geprägt (u. a. Vertreibung aus seiner Geburtsstadt, Vernichtung der Stadt durch Plünderungen, eine Feuersbrunst/eine zweite Vertreibung → Pest)

– Bezüge zu anderen Gedichten, die z. B. die Vergänglichkeit alles Irdischen betonen (Es ist alles eitel → Vanitas-Motiv, dessen erste Fassung ebenfalls mitten im Krieg entstand)

– Bezüge zu anderen Werken, die den Krieg thematisieren (Grimmelshausens *Simplicissimus*)

– Bezüge zu Antikriegsgedichten anderer Autoren

4. Kurzanalysen in Anlehnung an das Analyseraster

4.1. Die Stadt
Theodor Storm, *Die Stadt*
Oskar Loerke, *Blauer Abend in Berlin*

Info

Theodor Storm wird 1817 in Husum an der Nordsee geboren. Nach dem Studium der Rechtswissenschaft in Kiel und Berlin lässt er sich 1842 in Husum als Rechtsanwalt nieder und gründet eine Familie.
Nachdem er aufgrund innenpolitischer Schwierigkeiten (Widerstand gegen Dänemark, das zu dieser Zeit über Schleswig-Holstein herrscht) seine Zulassung als Anwalt verloren hat, geht Storm 1852 nach Berlin und findet dort Anschluss zu Fontane und Eichendorff. 1864 kehrt er als Landvogt nach Husum zurück. 1888 stirbt Storm in Hademarschen. Besonders in den späten Novellen werden die inhumanen Lebensverhältnisse im Industriezeitalter geschildert. Seine bekanntesten Werke sind *Immensee* (1849), *Hans und Heinz Kirch* (1882) und *Der Schimmelreiter* (1888),

4.1.1. Theodor Storm (1817–1888)

Die Stadt[1] (1854)

Am grauen Strand, am grauen Meer
Und seitab liegt die Stadt;
Der Nebel drückt die Dächer schwer,
Und durch die Stille braust das Meer
5 Eintönig um die Stadt.

Es rauscht kein Wald, es schlägt im Mai
Kein Vogel ohn Unterlass;
Die Wandergans mit hartem Schrei
Nur fliegt in Herbstesnacht vorbei,
10 Am Strande weht das Gras.

Doch hängt mein Herz an dir,
Du graue Stadt am Meer;
Der Jugend Zauber für und für
Ruht lächelnd doch auf dir, auf dir,
15 Du graue Stadt am Meer.

Analyse der Makrostruktur

Analyse von Thema, Stoff und Motiv
Das *Thema* ergibt sich durch den Gegenstandsbezug, nämlich die im Gedicht (nicht namentlich genannte) und in seinem Titel angesprochene Stadt. Die Stadt, bei der es sich um Storms Heimatstadt Husum handelt (siehe außertextliche Bezüge), wird nur recht vage geografisch verortet (graue Stadt am Meer). Mit dieser Ortsbezeichnung ist bereits der zweite Themenkreis des Gedichtes angesprochen, die Meereslandschaft/Küstenlandschaft, in der die Stadt liegt. Die Bedeutung der Einbettung der Stadt in die Landschaft wird im Gedicht unter anderem dadurch hervorgehoben, dass das Meer in vier der

1 vergl. u. a.: Walter Lauterwasser, *Theodor Storm – die Stadt*. In Karl Hotz (Hrsg.), Gedichte aus sieben Jahrhunderten/Interpretationen, Bamberg 1990, S. 150–152

15 Zeilen nicht nur erwähnt wird, sondern als jeweils letztes Wort der Verszeilen (1. Strophe, erste Zeile und vierte Zeile sowie 3. Strophe, zweite Zeile und fünfte Zeile) betont wird. Das Meer wird zum beherrschenden Bild des Gedichtes und hat den Charakter eines Schlüsselwortes.

Als Motiv kann die im Text angesprochene Liebe zur heimatlichen Landschaft gelten („Doch hängt mein Herz an dir", 3/1), die hervorzuheben ist, gerade weil die Landschaft einen eher düsteren und monotonen Eindruck hinterlässt, der besonders durch die Verwendung des Farbadjektivs „grau" hervorgerufen wird („Am grauen Strand, am grauen Meer", I/1; „Du graue Stadt am Meer", 3/2 und 3/5). Dieser Eindruck von der Stadt wird durch weitere Verweise im Text unterstützt: Die Stadt liegt „seitab" (I/2), der *Nebel drückt schwer* auf die Dächer, der Wind *braust eintönig* durch die *Stille* der Stadt (1. Strophe). Kein Vogelgezwitscher ist zu hören, lediglich im Herbst fliegt die Wandergans *mit hartem Schrei* vorbei (2. Strophe). Der Gegensatz zwischen der harten, eintönigen und wenig reizvollen Landschaft und der Liebe zu dieser Stadt erklärt sich aus den Erinnerungen des Sprechers im Gedicht, der seine Jugend in seiner Stadt verbracht hat („Der Jugend Zauber für und für/Ruht lächelnd doch auf dir, auf dir" 3/3 und 3/4). Das Motiv der Heimatliebe ist also hier verknüpft mit dem Motiv der Erinnerung (an die Jugendzeit). Nicht die düstere Landschaft, in der die Stadt liegt, bestimmt im Bewusstsein des Sprechers also die Haltung gegenüber der Stadt, sondern die – postiv besetzten – Erinnerungen an die Jugend (das Hochwertwort *Zauber* der Jugend steht somit im krassen Kontrast zur Darstellung der Landschaft, die durch Eintönigkeit geprägt ist).

Analyse des Sprechers
Kann man bei den ersten beiden Strophen noch den Eindruck haben, ein distanzierter Sprecher beschreibe nüchtern und objektiv eine Stadtlandschaft/Naturlandschaft, so wird in der dritten Strophe deutlich, dass es hier um eine persönliche Beziehung zwischen dem lyrischen Ich und der erwähnten Stadt geht und dass wir somit viel über die innere Einstellung des lyrischen Ichs erfahren. Sprachlich wird die Veränderung zwischen den ersten beiden und der dritten Strophe (und dem damit einhergehenden Wechsel von einer scheinbar distanzierten zu einer persönlichen Sichtweise) daran deutlich, dass in den Strophen 1 und 2 von „der Stadt" gesprochen wird, wogegen in der dritten Strophe die Stadt als direktes Gegenüber (2. Person Singular/Du) angesprochen wird). Dominiert in den ersten beiden Strophen also die Darstellung von Sachverhalten, so geht es in der dritten Strophe um das Aussprechen von Empfindungen und Gefühlen und das Aufdecken einer persönlichen Beziehung zwischen Beschreibendem (dem Ich) und dem Beschriebenen (die Stadt).

Analyse der Gedichtform
Das Gedicht besteht aus drei Strophen mit jeweils 5 Versen, wobei die Versausgänge stets eine männliche Kadenz aufweisen (männlich-stumpf).

Analyse der Mikrostruktur

Analyse von Vers, Reim und Klangstrukturen
Die im Text in den ersten beiden Strophen vermittelte Eintönigkeit der
Landschaft wird unterstrichen durch einige Gestaltungsmerkmale. Ein
regelmäßiger Wechsel zwischen unbetonten und betonten Silben (vierhe-
big oder dreihebig) herrscht vor; allerdings wird diese Monotonie unterbrochen, so etwa in der letzten Zeile der 1. Stophe und der zweiten Zeile
der zweiten Strophe. Hier wird die ansonsten unbetonte Auftaktsilbe
durch eine betonte Silbe ersetzt (Éintönig/kéin). Rhythmisch bewegter ist
dann insgesamt die dritte Strophe, in der das lyrische Ich seine Gefühle
ausspricht, wobei durch die Wiederholung (auf dir, auf dir) in Vers 4 der
dritten Strophe ein Zulaufen auf einen Höhepunkt festzustellen ist.
Die Monotonie der Strophen 1) und 2) findet sich wieder in den Klangstrukturen (es dominieren dunkle Vokale bzw. Umlaute) und den wenigen
Reimen (Meer-Meer/schwer-Meer etwa in Strophe 1). In der dritten Strophe tauchen hellere Vokale auf (i/ü) und den eher negativ besetzen Begriffen in Strophe 1) und 2) stehen positiv besetzte in Strophe 3) gegenüber
(Zauber, lächelnd, Jugend, Herz).

Analyse der Bilder/Wörter im Kontext
Die Strophen 1) und 2) werden durch negativ besetzte Bilder bestimmt
(Der Nebel drückt schwer die Dächer). Diesen stehen wiederum positiv
besetzte in der 3. Strophe gegenüber.
Das Herz „hängt" an der Stadt; der Zauber der Jugend „ruht lächelnd" auf ihr.
Das Lexem „Zauber" ruft im Kontext vielfältige Assoziationen hervor:
Trotz der Eintönigkeit der Landschaft war die Jugend des lyrischen Ichs „ver-
zaubert": bunt, vielfältig, warm, herzlich, durch positive Gefühle bestimmt
(ruht lächelnd).
Die Gestaltungsmittel bzw. ihre Verwendung geht einher mit der inneren Entwicklung von der ersten bis zur dritten Strophe. Die eher nüchterne Beschreibung der Landschaft (Strophe 1 und 2) geht über in die Darstellung seelischer
Vorgänge bzw. einer inneren Einstellung. Sind die Bilder in den Strophen 1)
und 2) also eher konkret, nämlich das Äußere beschreibend, so sind die Bilder
in 3) von Stimmungen des lyrischen Ichs geprägt, verweisen also auf Seelisches.

„Außertextliche" Informationen
Storm wurde 1817 in Husum geboren, wo er nach Schule und Studium als
Rechtsanwalt arbeitete. Auf Druck der – damals – dänischen Regierung sah
er sich genötigt, die Heimatstadt zu verlassen (1853). Er trat in den Dienst
Preußens und ging nach Berlin, von wo aus er erst 1864 wieder nach Husum
zurückkehren konnte. Das Gedicht *Die Stadt* beschreibt die durch das Berliner „Exil" geprägten Gefühle Storms für seine Stadt Husum.

Weiterführende Aspekte/Stichworte:
  Theodor Storm als Erzähler (*Der Schimmelreiter*)
  Literatur des **Realismus** (Epochenbezug)

4.1.2. Oskar Loerke (1884–1941)

Blauer Abend in Berlin (1929)[2]

Der Himmel fließt in steinernen Kanälen;
Denn zu Kanälen steilrecht aufgehauen
Sind alle Straßen, voll vom Himmelblauen.
Und Kuppeln gleichen Bojen, Schlote Pfählen

5 Im Wasser. Schwarze Essendämpfe schwelen
Und sind wie Wasserpflanzen anzuschauen.
Die Leben, die sich ganz am Grunde stauen,
Beginnen sacht vom Himmel zu erzählen,

Gemengt, entwirrt nach blauen Melodien.
10 Wie eines Wassers Bodensatz und Tand
Regt sie des Wassers Wille und Verstand

Im Dünen, Kommen, Gehen, Gleiten, Ziehen.
Die Menschen sind wie grober bunter Sand
Im linden Spiel der großen Wellenhand.

Info

Oskar Loerke lebt nach dem Studium zunächst als freier Schriftsteller in Berlin; ab 1917 ist er (bis zum Lebensende) als Lektor im S. Fischer Verlag tätig. 1926 wird er in die Preußische Akademie der Künste gewählt, 1933 jedoch als Sekretär der Sektion für Dichtkunst entlassen. Bereits 1913 erhält Loerke den Kleist-Preis.

Analyse der Makrostruktur

Analyse von Thema, Stoff und Motiv

Zu Beginn des 20. Jahrhunderts rückte die moderne Großstadt in das Interesse der Lyriker und löste Natur und Landschaft als bestimmendes Motiv ab. Dabei wurden durchaus unterschiedliche Akzente gesetzt: Den einen erschien die Stadt als Moloch und Sündenbabel; Isolation und Entfremdung sowie Einsamkeit wurde zum Thema gemacht; die anderen verbanden mit den großen Städten die Zukunft und aus ihren Gedichten spricht Technik- und Architekturbegeisterung.

Loerkes Text, 1929 in der Sammlung *Pansmusik* erschienen, aber schon früher entstanden, hebt bereits in der Überschrift die Metropole Berlin in unser Bewusstsein, verweist aber durch die eigentümliche (Zeit-)Angabe (*blauer Abend*) auf eine Dimension, die wir nicht unbedingt mit dem

---

2 siehe hierzu u. a. Jakob Lehmann, *Oskar Loerke – Blauer Abend in Berlin*. In Otmar Bohusch (Hrsg.): Interpretationen moderner Lyrik, Frankfurt 1978, S. 79–84

Thema „Großstadt" assoziieren und die sich erst im Gedicht annähernd
erschließt.

Schon bei einer ersten Lektüre des Textes wird deutlich, dass es hier nicht um
eine Beschreibung konkreter Details der Stadt Berlin geht. Kein Straßenna-
me fällt, kein Platz wird erwähnt, kein Wahrzeichen Berlins wird auch nur angedeutet. Die Stadt liegt im geografischen Nirgendwo. Ganz offensichtlich
geht es also nicht um eine dichterische Darstellung einer realen Wirklichkeit,
sondern um die in Bilder und Chiffren gefassten Gedanken und Empfindungen des Sprechers. Dass diese Empfindungen allerdings an eine Stadt-Land-
schaft gebunden sind, machen bereits die Eingangsverse deutlich:

> „Der Himmel fließt in steinernen Kanälen;
> Denn zu Kanälen steinrecht ausgehauen
> Sind alle Straßen, voll vom Himmelblauen."

Hier wird die Architektur der Großstadt in ein Bild gefasst: Die Häuserzeilen,
die sich gegenüberstehen, gleichen Kanälen. In ihnen „fließt" das Blau des
Himmels gleichsam wie Wasser. Von dieser Wassermetaphorik wird das gesamte Gedicht bestimmt. Die Farbgebung (blau) verweist dabei gleichzeitig
auf den Himmel und das Meer/das Wasser. Über das Farbadjektiv werden
nicht nur die beiden Naturbereiche miteinander verkoppelt, sondern die
Menschen werden über das „blau" an diese Bereiche angebunden:

> „Die Leben, die sich ganz am Grunde stauen, → Bereich Wasser
> Beginnen sacht vom Himmel zu erzählen, → Bereich Himmel
> Gemengt, entwirrt nach blauen Melodien." → Verknüpfung

Über die Wassermetaphorik wiederum werden die Menschen in einen kosmologischen Zusammenhang gestellt, der das Großstadtleben transzendiert:

> „Die Menschen sind wie grober bunter Sand
> Im linden Spiel der großen Wellenhand."

Analyse des Sprechers
Der Sprecher ist nicht als lyrisches Ich „festzumachen", er tritt vielmehr als
Beschreibender auf, der das Leben der Stadt und ihrer Menschen im Auge
hat und dabei gleichzeitig seine Perspektive offen legt, ohne direkt von
sich selbst zu sprechen. Er erhebt Realität ins Bildhafte, chiffriert Wirklichkeit und verweist soziale Prozesse (die Dynamik der Großstadt etwa) in
eine geistige Sphäre (*die Menschen sind wie grober bunter Sand im linden
Spiel der großen Wellenhand*).

Analyse der Gedichtform
Loerkes Gedicht besteht aus zwei Quartetten und zwei Terzetten (Reimschema in den Quartetten abba abba, in den Terzetten cdd cdd) und ist
somit als Sonett verfasst.

Das erste Quartett, dessen erste Teile oben bereits angeführt sind, beschreibt – nahezu aus einer Vogelperspektive – den Blick in die Häuserschluchten der Stadt, die als Kanäle erscheinen.

Loerke bleibt im Bildbereich des Wassers, wenn er in der letzten Zeile des ersten Quartetts die Kuppeln von Gebäuden mit Bojen und die Schlote der Fabriken mit Pfählen im Wasser vergleicht (*Kuppeln gleichen Bojen, Schlote Pfählen*).

Auch das zweite Quartett greift ein Element der Großstadt auf, nämlich die Essendämpfe, also die Dämpfe, die von den Feuern der Fabriken hervorgerufen werden; sie werden mit Wasserpflanzen verglichen. Am Übergang vom zweiten Quartett zum ersten Terzett, also an einer für diese Gedichtform bedeutenden Stelle, kommen dann die Menschen ins Blickfeld des Betrachters (2. Quartett, Zeile 3/4; 1. Terzett, Zeile 1 → oben bereits zitiert).

Die Menschen, die mit dem Bodensatz und Tand des Wasser verglichen werden (1. Terzett, Zeile 2 und 3) erscheinen als von Naturgesetzen regierte Wesen (*regt sie des Wassers Wille und Verstand*; die Menschen sind Objekt, das Wasser ist Subjekt). Sie sind *grober*, aber dennoch *bunter Sand* (Verweis auf Vielfältigkeit, auch Schönheit, der die eher negativ besetzte Bezeichnung als *Bodensatz* und *Tand* wieder aufhebt). Das in der letzten Zeile verwendete Bild vom *linden Spiel der großen Wellenhand* nimmt dem Vergleich der Menschen mit dem *groben*, wenn auch *bunten Sand* etwas von der deprimierenden Schärfe und zeigt die Menschen als in der Güte (*lindes Spiel*) einer kosmologischen Macht (*Wellenhand*) aufgehobene Wesen.

Analyse der Mikrostruktur

Analyse von Vers, Strophe, Reim etc.
→ Wesentliche Aspekte sind im Abschnitt über die Form (Sonett) ausgeführt

Analyse der Bilder/Wörter im Kontext
Das Gedicht wird bestimmt durch die bereits erwähnte Wasser-Metaphorik, die sich kunstvoll durch den gesamten Text zieht. Wenn Loerke bei der Beschreibung der Existenz der Menschen, die vom Willen und Verstand des Wassers geleitet werden, in der ersten Zeile des ersten Terzetts zur Reihung kommt : *„Im Dünen, Kommen, Gehen, Gleiten, Ziehen"*, so ist der Neologismus *Dünen* (wir kennen nur das Nomen im Plural – die Dünen, nicht aber ein hier dann substantiviertes Verb „dünen") ganz der konsequenten Einhaltung des Bildes geschuldet und keine vordergründige Sprachspielerei.

Einer Chiffre kommt Loerkes Formulierung gleich, die Lebewesen am Grunde seien *„Gemengt, entwirrt nach blauen Melodien"* (1. Terzett, erste Zeile). Die Verbindung des Farbadjektivs blau, das zugleich auf Himmel und Wasser verweist, mit dem Nomen Melodien lässt viel Interpretationsspielraum.

Ganz offensichtlich geht es hier nicht um eine apokalyptische Vision, um das Gedröhn der Großstadt, den Lärm der Maschinen und des Verkehrs und auch nicht um das babylonische Stimmengewirr der Millionen in der Metropole. Vielmehr scheinen die, die am Grunde leben, in einer gewissen Harmonie zu existieren, in einer nahezu musikalisch geleiteten Ordnung, die das „unten" mit dem „oben" versöhnt und in Einklang bringt.

Der Mensch, so scheint es, ist nicht ausgeliefert und verloren, sondern Teil eines höheren Ganzen. Die Hektik der Großstadt verliert ihren Schrecken und wird durch Sanftheit und Ruhe abgelöst, die mit dem „*Abend*" kommen.

Dominantes Wortfeld ist der Bereich „Wasser/Meer": Kanal, fliessen, Bojen, Wasserpflanzen, Grund (im Sinne von Meeresgrund), Bodensatz, Sand sowie die Neologismen „*Dünen*" (substantiviertes Verb) und „*Wellenhand*" (Kompositum). Sieht man einmal von den beiden Neologismen sowie der ungewöhnlichen Kombination „*blaue Melodien*" ab, so ist das Wortmaterial weder als kühn noch extravagant, sondern eher als alltäglich zu bezeichnen. Die Wörter entfalten ihre Wirkung im Zusammenspiel und einer nahezu melodischen Fügung durch den Rhythmus des Gedichtes, der u. a. durch die zahlreichen Enjambements bestimmt wird, die den Versen etwas Fließendes verleihen.

„Außertextliche" Informationen

Oskar Loerkes (1884–1941) Gedicht erschließt sich in seiner inhaltlichen (Sicht auf die Großstadt) wie formalen Gestaltung (Chiffrierung/Symbolkraft/Bildhaftigkeit) besonders im Vergleich mit anderen Stadtgedichten, etwa Georg Heyms *Der Gott der Stadt*, Georg Trakls *Vorstadt im Föhn* oder Alfred Wolfensteins *Städter*.

Weiterführende Aspekte/Stichpunkte:

Lyrik der **Moderne** und des **Expressionismus** (Epochenbezug)
Die Entwicklung der Großstädte zu Beginn unseres Jahrhunderts

4.2. Der Krieg
Friedrich von Logau, *Des Krieges Buchstaben*
August Stramm, *Sturmangriff*

Beide Gedichte sind unter dem Eindruck eines alles verheerenden Krieges entstanden. Logaus Text am Ende des 30-jährigen Krieges (1618–1648), Stramms Text im 1. Weltkrieg (1914–1918).

4.2.1. Friedrich Logau (1604–1655)

Des Krieges Buchstaben[3] (1648)

Analyse der Makrostruktur

Analyse von Thema, Stoff und Motiv

Gegenstand und Stoff des Gedichtes ergeben sich aus dem historischen Kontext. Im letzten Jahr des 30-jährigen Krieges greift Logau die Folgen für die Menschen und das Land auf, die die kriegerischen Verwüstungen gezeitigt haben. Es geht ihm nicht um Schuldzuweisungen an eine der am Krieg beteiligten Parteien/Mächte in diesem Krieg, der als Religionskrieg geführt wurde, in dem es aber letztlich um Machtinteressen der europäischen Staaten und Fürstentümer ging, sondern um Parteinahme für die Menschen und das Aufzeigen von Grundsätzlichem, von über den Tag hinaus wirkenden Folgen des Krieges schlechthin.

Dies tut er nicht durch die Schilderung grausamer Details der kriegerischen Auseinandersetzungen, sondern durch eine Verallgemeinerung in Form eines Sinnspruchs, der sechs Verszeilen umfasst:

> **K**ummer, der das Mark verzehret,
> **R**aub, der Hab und Gut verheeret,
> 3 **J**ammer, der den Sinn verkehrt,
> **E**lend, das den Leib beschweret,
> **G**rausamkeit, die Unrecht fähret:
> 6 Sind die Frucht, die der Krieg gewähret.

Die Anfangsbuchstaben der jeweils ersten Wörter der Verszeilen 1–5 ergeben dabei das Wort Krieg (j = i/Hervorhebung durch mich, B. M.), das dann noch einmal in der abschließenden sechsten Verszeile auftaucht.

Analyse des Sprechers

Der Sprecher im Gedicht bedient sich eines nüchtern-sachlichen Tons, ohne seine eigenen Gefühle direkt zum Ausdruck zu bringen. Es handelt sich hier also nicht um „Betroffenheits-Lyrik", sondern um das Aufzeigen der Folgen des Krieges und des Wesens des Krieges, indem der Sprecher einen Gedankengang (nicht eine Gefühlsbewegung) beim Rezipienten provoziert. Dies wird einerseits durch den spielerischen Umgang mit dem doch so ernsten Thema erreicht, andererseits durch das direkte Benennen unterschiedlicher Seinsbereiche, in die der Krieg eingreift, wobei der Sprecher uns seine Schlussfolgerung durch die Komposition des Textes zwingend nahe bringt. Die Ap-

---

3 vergl. u. a. Edgar Neis, *Der Krieg im deutschen Gedicht*, Hollfeld o. J., S. 1

Info

Friedrich von Logau ist ein Meister des Epigramms. In über 3000 knappen, pointierten und oft kritischen Gedichten nimmt er die Fehler und Mängel seiner Zeitgenossen aufs Korn oder prangert die Zeitumstände an. Obwohl er als Ratsherr durchaus eine angesehene Stellung hatte, hat er eher bescheiden und zurückhaltend gelebt.

pellfunktion des Textes (Ablehnung des Krieges) geht hier einher mit dem Reflexionsprozess, den der Text des Autors beim Rezipienten in Gang setzt.

Analyse der Form

Friedrich von Logaus Gedicht *Des Krieges Buchstaben* besteht aus einer Strophe mit sechs Versen, die letztlich einen Satzbogen umfassen (s. u.) und völligen Gleichklang des Reims aufweisen. Wie der Titel des Textes es ankündigt, so „buchstabiert" von Logau tatsächlich den Krieg durch die Anfangsbuchstaben der Zeilen 1–5. Die an den Verseingängen stehenden Nomen beschreiben dabei jeweils eine Folge des Krieges: Kummer, Raub, Jammer, Elend, Grausamkeit. Sie sind die „Frucht" des Krieges, stehen also in engem Miteinander, sind ineinander verwoben und bedingen sich gegenseitig. Dies lässt sich ableiten aufgrund der von Friedrich von Logau gewählten Form der asyndetischen Reihung und des Singulars „Frucht" (statt des Plurals „Früchte").

Analyse der Mikrostruktur

Analyse von Vers, Strophe, Reimen und klanglichen Strukturen

Auf den Gleichklang der Reime ist bereits oben hingewiesen worden (verzehret/verheeret/verkehret etc.). Dieser Gleichklang betont auf einer anderen Ebene noch einmal die Gleichwertigkeit der von Friedrich von Logau genannten Folgen des Krieges; keine wird besonders herausgehoben, ihre Nennung folgt nicht einer qualitativen Gewichtung, sondern ist dem Spiel mit dem Wort „Krieg" und dem daraus abgeleiteten Bauprinzip geschuldet. Dem Gleichklang der Reime entspricht das Gleichmaß des Taktes (Versfußes): Jede Zeile weist vier Trochäen auf, die einen – wohl gewollten – starren und monotonen Eindruck hervorrufen. Schlag auf Schlag werden die Folgen des Krieges somit auch metrisch verkörpert.

Das Zusammenfassen der Verszeilen in einer Strophe unterstützt ebenfalls die Intention, die Folgen des Krieges in ihrer Gesamtheit und Wechselwirkung aufzuzeigen und im Zeilenbild, das eine kompakte Einheit darstellt, zu veranschaulichen.

Analyse der Bilder/Wörter im Kontext

Die Verse 1–5 werden bestimmt durch die Nomen zu Beginn. Sie bezeichnen entweder seelische Folgen des Krieges (*Kummer, Jammer, Elend*) oder mit dem Krieg einhergehende Erscheinungen des Kriegsalltags (*Raub, Grausamkeit*[4]).

---

4 Die Armeen des 30-jährigen Krieges waren Söldnerheere, die – vor allem im letzten Drittel des Krieges – marodierend über die Kriegsschauplätze zogen. Plünderungen, oft von den militärischen Führern offen oder stillschweigend geduldet und als „Fouragieren" bezeichnet (Naturalien statt Sold), waren ebenso an der Tagesordnung wie Raub, Brandschatzung, Folter und Vergewaltigung. (Grimmelshausen „Simplicissimus"-Roman legt hiervon ein eindrucksvolles literarisches Zeugnis ab.) Durch direkte Kriegseinwirkungen sowie Kriegsfolgen (Hungersnöte/Seuchen) war die Einwohnerzahl Deutschlands am Ende des Krieges um etwa ein Drittel reduziert.

Durch einen anschließenden Relativsatz werden die Nomen dann weiter erläutert: Der Kummer verzehrt das Mark, der Raub verheert Hab und Gut etc. Die letzte Verszeile bestimmt die fünf zuvor genannten Folgen dann als *„Frucht"* des Krieges, wobei wir mit dem Begriff eher das Wachsen und Werden, das Blühen und Gedeihen verbinden. Der Krieg jedoch bringt eine „böse", eine „schwarze" Frucht hervor, die den Menschen leiblich und seelisch verdirbt.

Analyse der sprachlich-stilistischen Mittel und rhetorischen Figuren
Das Gedicht ist als ein einziger (hypotaktischer) Satz gestaltet. Von Logau bedient sich des Stilmittels der Reihung von Satzgliedern, wobei die aufgezählten Teile des Prädikatsnomens der Buchstabenfolge des Wortes entsprechend angeordnet sind. Am Ende der fünften Verszeile ist ein Doppelpunkt gesetzt (auch hier müsste, wie am Ende der Zeilen 1–4, ein Komma stehen). Durch die Setzung des Doppelpunktes wird die zentrale Aussage des letzten Verses, die Schlussfolgerung aus dem zuvor Gesagten, besonders hervorgehoben.

„Außertextliche" Informationen
Lohnenswert ist ein Vergleich mit Gedichten von Gryphius (siehe auch Teil 3 dieses Bandes) sowie Auszügen aus dem *Simplicissimus*-Roman von Grimmelshausen.

Weiterführende Aspekte/Stichworte:
Vorliebe im Barockzeitalter für Sprachspiele, Wortvertauschungen und Wortsymbolik, z. B. die Verwendung von Anagrammen und Emblemen (Epochenbezug)
„Wiederentdeckung" Friedrich von Logaus durch G. E. Lessing

4.2.2. August Stramm (1874–1915)

Sturmangriff (1914/15)[5]

Aus allen Winkeln gellen Fürchte Wollen
Kreisch
Peitscht
Das Leben
5 Vor
Sich
Her

5 vergl. u. a. Edgar Neis, *Der Krieg im deutschen Gedicht*, ebd., S. 55; Peter Christian Giese, *Interpretationshilfen – Lyrik des Expressionismus*, Stuttgart 1992, S. 198–201

Info

Stramm gilt als einer der führenden Vertreter des Expressionismus. In der expressionistischen Zeitschrift „Der Sturm" wurde zeitweilig ein regelrechter Kult um Stramm getrieben; zugleich gab der Stil seiner Texte (hinsichtlich Syntax und Semantik) auch Anlass für Parodien.

Den keuchen Tod
Die Himmel fetzen
10 Blinde schlächtert wildum das Entsetzen.

Analyse von Thema, Stoff und Motiv

Stramms Gedicht stellt einen Ausschnitt des militärisch-operativen Geschehens aus dem Kriegsalltag des 1. Weltkrieges in den Mittelpunkt, nämlich den titelgebenden *„Sturmangriff"*.

Hierbei verlassen die Soldaten (Infanteristen) ihre schützenden Stellungen (Gräben oder Bunker) und versuchen an einem bestimmen Frontabschnitt Geländegewinne zu erzielen und bisher vom militärischen Gegner gehaltenes Terrain zu besetzen. Stramm beschreibt diesen Vorgang allerdings nicht als militärisch-technischen Prozess, sondern schildert die Widerspiegelung der Empfindungen und Gefühle des einzelnen Soldaten bei diesem Vorgang. Diese Gefühle und Empfindungen finden ihren Abschluss, ihren Höhepunkt und ihre Zusammenfassung im letzten Wort des Textes, auf das das gesamte Gedicht zuläuft:
Entsetzen!

Analyse des Sprechers

Der Sprecher im Text verdichtet den Moment des Sturmangriffs durch sprachliche Reduktion auf das Wesentliche, nämlich die nach menschlichen Maßstäben kaum noch zu begreifende Brutalität der Situation, in die der einzelne Soldat versetzt ist. Bei einem Sturmangriff ist der Soldat auf sich allein gestellt. Zwar verlässt er gemeinsam mit anderen den Schützengraben oder Bunker, muss sich aber, nur auf sich gestellt, unter dem Gegenfeuer der anderen Kriegspartei, der Schlacht stellen, angetrieben von den Befehlen seiner Vorgesetzten. Stramm verallgemeinert in seinem Gedicht ein vieltausendfaches Erlebnis von allen Fronten des 1. Weltkrieges und zeigt die Empfindungen der Soldaten auf, völlig unabhängig davon, welcher Kriegspartei sie angehören.

Es geht im Gedicht also nicht darum, dass der Sprecher über einen operativen Vorgang informiert, sondern eine Gefühlssituation illustriert.

Analyse der Gedichtform

Stramms Gedicht besteht aus vier Parataxen, wobei auf eine Interpunktion teilweise verzichtet wird:

1. Satz : „Aus allen Winkeln gellen Fürchte Wollen"
2. Satz: „Kreisch
           Peitscht
           Das Leben
           Vor

> Sich
> Her
> Den keuchen Tod"

3. Satz: „Die Himmel fetzen."

4. Satz: „Blinde schlächtert wildum das Entsetzen."

Bereits der erste Satz macht die Grundsituation deutlich, denn durch die Ortsangabe (*aus allen Winkeln*) wird die emotionale Atmosphäre (*Fürchte Wollen*) verallgemeinert und durch das Verb „*gellen*" nahezu „hörbar" gemacht (wir sprechen von gellenden Schreien). Kann man den Sinngehalt des Wortes „*Fürchte*" noch erahnen (Furcht der Soldaten), so ist das Wort „*Wollen*" bereits mehrdeutig interpretierbar (der Wille zum Angriff, der Wille zum Überleben, das Sich-Selbst-Mut-Machen durch Angriffsschreie).

Der zweite Satz steigert die im ersten Satz umrissene Situation: Das Verb „*kreischen*" greift das Verb „*gellen*" auf und steigert es, bis die Rufe der Soldaten nur noch erschöpftes, todesnahes „*Keuchen*" sind. Die Brutalität des Vorgangs wird über das Verb „*peitschen*" vermittelt (wohl auch so zu verstehen, dass die Soldaten auf Befehl handeln und das Verlassen des Grabens nicht verweigern können). Der Bogen wird gespannt vom Leben bis zum Tod, der das Resultat des militärischen Vorgangs ist.

Selbst „*die Himmel*" (Pluralverwendung) sind todbringend, sie „*fetzen*" (zerfetzen), denn die Luft ist von Geschossen angefüllt (denkbar wäre auch eine Passivkonstruktion: Die Himmel werden zerfetzt; die gewählte Aktivkonstruktion dynamisiert allerdings das Geschehen).

Das Geschehen der Schlacht (Schlacht-schlachten-*schlächtern*) wird im letzten Satz auf den Moment des Entsetzens reduziert.

In nur wenigen Zeilen umgreift das Gedicht Stramms eine menschliche Grunderfahrung in einer existenziellen Situation: die Konfrontation mit dem Tod auf dem Schlachtfeld.

Analyse der Mikrostruktur

Analyse von Vers, Strophe, Reim und Klang

Stramms Gedicht besteht aus einer Strophe mit insgesamt acht Versen und nur 24 Wörtern, wobei die Verszeilen 2, 3, 5, 6 und 7 nur aus jeweils einem Wort bestehen. Daran wird deutlich, dass der Text auf das Einzelwort setzt und seine Bedeutung betont. Die zahlreichen „i" und „ei" Laute vermitteln etwas „Spitzes" und Aggressives, transportieren lautlich die von Schreien aufgeladene Situation (*Winkel, kreischt, peitscht, blind, wildum*).

Der Ausgang des Gedichtes, das Zulaufen auf das alles enthaltende Wort „*Entsetzen*", wird durch den einzigen Reim des Gedichtes unterstützt (*fetzen-Entsetzen*). Die kurzen Verszeilen vermitteln dabei zugleich die Geschwindigkeit des ablaufenden Vorgangs in doppelter Hinsicht: Die Soldaten laufen im Sturmschritt über das Schlachtfeld, und gleichzeitig ist die Spanne zwischen Leben und Tod nur sehr kurz. In wenigen Sekunden ist die Grenze zum Tod überschritten.[6]

Herkömmliche Gedichtformen werden in Stramms Text völlig aufgelöst zugunsten der Erfassung der Situation durch das einzelne Wort und dessen Bedeutungsdynamik, denn einzelne Wörter des Textes lassen einen vielfältigen Assoziationsspielraum zu.

Analyse der Bilder/Wörter im Kontext/Stilfiguren

Auffälligstes Merkmal in Stramms Gedicht ist die assoziative Wortreihung mit ihren Neologismen (Wortneuschöpfungen) und damit einhergehenden agrammatischen Konstruktionen. Dabei geht es Stramm wohl nicht um Sprachspiele, sondern um den Versuch, dem „Entsetzlichen" einen adäquaten ästhetischen Ausdruck zu verleihen. Wie der Krieg menschliche Beziehungen auflöst, so löst Stramms Text die menschliche Sprache auf. Der Zerstörung auf dem Schlachtfeld entspricht hier die Zerstörung der klassischen Syntax oder klassischer Strophenformen. Darstellung und Dargestelltes entsprechen sich also. Das Unfassbare in Wörter zu fassen, wird als Absicht Stramms erkennbar und drückt sich in Konstruktionen wie „schlächtern", „fetzen", „wildum", „blinde" oder „keuchen Tod" aus, wobei die Dynamik des geschilderten Vorgangs v. a. in der Verbverwendung ihren Ausdruck findet: gellen, kreischen, peitschen, fetzen, keuchen, schlächtern.

Weiterführende Aspekte/Stichworte:

August Stramm (1874–1915) und seine Bedeutung für den **Expressionismus** (Epochenbezug)

Vergleich mit Kriegsgedichten von Zeitgenossen Stramms (G. Heym, G. Trakl)

4.3. Liebe
Walther von der Vogelweide, *Under der linden*
Clemens Brentano, *Der Spinnerin Lied*
Erich Kästner, *Sachliche Romanze*

Alle drei Texte setzen sich mit einer vergangenen Liebe auseinander, tun das aber mit ganz unterschiedlichen gestalterischen Mitteln und jeweils unterschiedlicher Sichtweise auf die zurückliegende Liebesbeziehung.

---

6 Der Moment des Sturmangriffs (rasches Vordringen/Bewegung/Dynamik) stellt somit den komplementären Vorgang zum Warten im Schützengraben (Bewegungslosigkeit/Statik) dar (Stellungskrieg → Stichwort: Verdun).

4.3.1. Walther von der Vogelweide (1168–1228/30)

Under der linden

Under der Linden
An der Heide,
Da unser zweien Bette was,
Da möget ihr finden
5   Schöne beide
Gebrochen Blume unde Gras.
Vor dem Walde in einem Tal,
Tandaradei,
Schöne sang die Nachtigall

10 Ich kam gegangen
Zu der Aue,
Da was mein Friedel kommen eh.
Da ward ich empfangen:
„Hehre Fraue!"
15 Dass ich bin selig immer meh.
Küsst er mich? Wohl tausendstund,
Tandaradei,
Seht wie rot mir ist der Mund.

Da hat er gemachet
20 Also riche
Von Blumen eine Bettestatt
Des wird noch gelachet
Innigliche,
Kommt jemand an das selbe Pfad
25 Bei den Rosen er wohl mag,
Tandaradei
Sehen wo mir' s Haubet lag.

Dass er bei mir läge,
Wüsst es jemand
30 (Das wolle Gott) so schäm ich mich.
Wes er mit mir pfläge,
Nimmer niemand
Befinde das, als er und ich,
Und ein kleines Vogellin,
35 Tandaradei,
Das mag wohl getreue sin.

Analyse der Makrostruktur

Analyse von Thema, Stoff und Motiv

Walther von der Vogelweide, dessen Lebensdaten allgemein mit den Jahren 1165–1230 angegeben werden, lässt in seinem Text, der der sog. „niederen Minnelyrik" zuzurechnen ist, eine junge Frau über ihr Liebeserlebnis mit einem jungen Mann berichten. Das Gedicht ist somit der Gruppe der „Mädchenlieder" zuzurechnen. Dabei verwendet von der Vogelweide bestimmte literarische Motive bzw. Topoi seiner Zeit (das Brechen der Blumen, Strophe 1, der Ruf der Nachtigall, Strophe 1, der Verweis auf die Rosen, Strophe 3).

Der Text ist eine Absage an die höfische Minnelyrik mit ihrem idealisierten, überhöhten Frauenbild und durchbricht die Schranken des Verschweigens (von Liebeserlebnissen) und des Verzichts (auf körperliche Liebe).

Die erste Strophe verweist auf den Ort des Liebeserlebnisses, eben jene Linde, die im Titel erwähnt wird. „*Gebrochene Blumen*" legen Zeugnis von der Stätte der Liebe ab.

Die zweite Strophe berichtet davon, wie das Mädchen von ihrem „Liebsten" an diesem Ort empfangen worden ist, und davon, dass das Liebeserlebnis noch in der Gegenwart nachwirkt (die Frau ist immer noch „*selig*", ihr Mund ist immer noch rot von den tausendfachen Küssen). Obwohl das Ereignis also vergangen ist, wird es in der 2. Strophe vergegenwärtigt. Nicht nur die gebrochenen Blumen legen ein Zeugnis ab, sondern in den Empfindungen der Sprecherin selbst schwingt das Erlebnis nach.

Die dritte Strophe konkretisiert den Ort des Liebesgeschehens durch eine genauere Lokalisierung einerseits (ein Pfad führt an dem Platz vorbei) und den Verweis auf die „Position" der Liebenden (an den Rosen kann man erkennen, wo der Kopf der Frau gelegen hat).

Die vierte Strophe stellt in besonderer Weise ein Spiel mit Konventionen dar und bringt das Gedicht endgültig in eine Schwebelage zwischen Bekennen und Verschweigen, Andeuten und Verhüllen, Aussprechen und Zurücknehmen. Die Frau spricht, wenn auch umschreibend, das aus, was sie verschweigen zu wollen behauptet, nämlich den „Vollzug" körperlicher Liebe zwischen ihr und dem Mann.

Analyse des Sprechers

Walther von der Vogelweide bedient sich der Technik des Rollensprechens, wobei der Text seinen besonderen Reiz dadurch erhält, dass es eine Frau ist, die über die vergangene Liebesbeziehung spricht und aus deren Perspektive das Ereignis dargestellt wird. Ein Rollenmuster der „Minnelyrik" wird somit durchbrochen. Zugleich ist das Gedicht ein Spiel mit der Fantasie des Publikums, das in jeder Strophe angesprochen und nahezu aufgefordert wird, den „Spuren" der Liebe nachzuforschen. In der ersten

Strophe nämlich heißt es unter Verweis auf die gebrochenen Blumen, dass man den Ort der Liebe noch finden kann (da könnt ihr gebrochene Blumen und zertretenes Gras finden[7]). In der letzten Zeile der zweiten Strophe wird der Blick des fiktiven Gegenübers, also des Rezipienten, auf den Mund der Frau gelenkt, der Zeugnis von den Küssen ablegt (seht nur, wie rot mein Mund noch ist!)

Die dritte Strophe benennt die möglichen Empfindungen des Publikums beim genaueren Erfassen des „Liebesortes": „Kommt jemand an den Pfad, so wird er verschwiegen lächeln, wenn er sieht, wo mein Kopf gelegen hat". In der vierten Strophe treibt die Sprecherin das Spiel mit dem Publikum auf die Spitze, wenn sie sagt, sie würde sich schämen, wenn jemand nur erfahren würde, dass der Mann bei ihr gelegen habe und was sie miteinander getan haben. (Nur er und ich und der kleine Vogel, der aber wohl verschwiegen ist, sollen davon erfahren, was er mit mir dort tat.) Aber das, was angeblich niemand wissen soll, wird von der Sprecherin selbst thematisiert.

Die Sprecherin macht ihre Gefühle deutlich („tandaradei", „das möge Gott verhüten!") und wendet sich direkt an ein fiktives Gegenüber, dem der Vorgang der Begegnung zwischen der Sprecherin und ihrem Geliebten „erzählt" wird.

Analyse der Gedichtform

Das Gedicht besteht aus vier Strophen mit jeweils neun Zeilen, die das Reimschema abcabc dwd aufweisen (w steht für eine Waise, also eine Verszeile ohne Reim innerhalb gereimter Verse, besonders eines Reimpaares). Die Waise hat refrainartigen Charakter und besteht aus dem lautmalerischen Ausruf „*tandaradei*", der einerseits das Liedhafte des Textes unterstreicht, andererseits die heitere Gemütsverfassung der Sprecherin zum Ausdruck bringt. Der Wechsel in den Kadenzen (w w m w w w m m m m)[8] trägt ebenfalls zum heiter-liedhaften Grundton des Textes und zu seiner Musikalität bei.

Alle Strophen berichten über ein vergangenes Erlebnis, wobei offen bleibt, vor wie langer Zeit die Begegnung zwischen der Frau und dem Mann stattgefunden hat. Dieses Vergangene lebt aber positiv im Bewusstsein der Sprecherin, bestimmt noch ihre seelische Verfassung in der Gegenwart („tandarei", „das macht mich immer noch glücklich", 2. Strophe, Zeile 6), so dass es zu einem Wechselspiel zwischen der Darstellung

---

7 Eine angemessene Übertragung des Textes ins Neuhochdeutsche ist schwierig, weil Rhythmus und Sprachmelodie des Originals kaum zu treffen sind; ich bin mir der Problematik der von mir vorgenommenen „freien" Übersetzung einiger Textpassagen also bewusst; da es aber um einen **ersten Zugang** zum Verständnis des Gesamttextes geht und nicht der Anspruch erhoben wird, das Gedicht insgesamt zu „übertragen", ist der von mir gewählte Weg sicher zu vertreten, B. M.

8 w = weiblich-klingender Versausgang, m = männlich-stumpfer Versausgang

des Vergangenen, seiner Vergegenwärtigung heute (im Akt des Ausspre-
chens) und einem fantasievollen Spiel mit der Möglichkeit des nachträgli-
chen Entdecktwerdens kommt!

Analyse der Mikrostruktur

Analyse von Vers, Strophe, Reimen und klanglichen Strukturen

Die Verse weisen durchweg einen Wechsel zwischen zwei bzw. vier Hebungen auf, wobei es in einigen Versen (z. B. 1/1 und 1/3) zu einer Auflocke-
rung des Trochäus durch zwei Senkungen kommt, sich also Daktylen ergeben. Im Wechselspiel mit den männlich-stumpfen und weiblich-klingenden
Versausgängen sowie den Reimen (siehe oben) ergibt sich eine melodiöse
„Tonlage" des Gedichtes, die durch zahlreiche „ü"-, „ei"- „i"- und „ä"-Laute
ihren Widerhall auf klanglicher Ebene findet und so den Liedcharakter
unterstreicht.

Analyse der Bilder/Wörter im Kontext/Stilfiguren

Die verwendeten Bilder greifen einerseits zeitgenössische Motive auf (die
gebrochenen Blumen, das Symbol der Nachtigall, die als Vogel der Liebe gilt,
der rote Mund), knüpfen also an bestimmte Topoi an. Im Zusammenhang
des Textes dienen sie oft dazu, Andeutungen über den Ort der Liebe und
das sich dort vollziehende Geschehen zu machen, also auf „Spuren der Liebe" zu verweisen, die aus der Vergangenheit in die Gegenwart deuten. Die
„gebrochenen Blumen" sind noch Tage nach dem Treffen zwischen der Frau
und dem Mann zu sehen, vergegenwärtigen also vergangenes Geschehen.
Der Nachtigall wird die Rolle des verschwiegenen Zeugen des Liebesspiels
zugedacht (das kleine Vögelchen wird wohl verschwiegen sein, 4/9). Das
durchgängige Spiel von „Andeuten" und „Verschweigen" findet seinen
Ausdruck im Konjunktivgebrauch der vierten Strophe: „Wüsste jemand,
dass er bei mir lag, was Gott verhüten möge, so schämte ich mich!" Somit
unterstützen die sprachlich-stilistischen Mittel das kunstvolle Spiel mit gesellschaftlichen Konventionen (Ausklammerung der körperlichen Liebe/
Überhöhung der Frau) und tradierten Bildern und Sprachmustern.

„Außertextliche" Informationen

Walther von der Vogelweides Entwicklung vom Liederdichter zum Spruch-
dichter (biografische Aspekte)
Under der linden im Vergleich zu Texten der „hohen Minne" (Epochenbezug: Mittelalter)

4.3.2. Clemens Brentano (1778–1842)

Der Spinnerin Lied (1802)[9]

Brentanos berühmtestes
Werk ist die gemeinsam
mit Achim von Arnim
im Jahre 1806 heraus-
gegebene Volkslieder-
sammlung *Des Knaben
Wunderhorn*. Clemens
Brentano gilt als einer
der Hauptvertreter
der *Romantik*.

Es sang vor langen Jahren
Wohl auch die Nachtigall,
Das war wohl süßer Schall,
Da wir zusammen waren.

5 Ich sing, und kann nicht weinen
Und spinne so allein
Den Faden, klar und rein,
Solang der Mond wird scheinen.

Da wir zusammen waren,
10 Da sang die Nachtigall,
Nun mahnet mich ihr Schall,
Dass du von mir gefahren.

Sooft der Mond mag scheinen,
Gedenk' ich dein allein,
15 Mein Herz ist klar und rein,
Gott wolle uns vereinen!

Seit du von mir gefahren,
Singt stets die Nachtigall,
Ich denk' bei ihrem Schall,
20 Wie wir zusammen waren.

Gott wolle uns vereinen,
Hier spinn' ich so allein,
Der Mond scheint klar und rein,
Ich sing' und möchte weinen!

Analyse der Makrostruktur

Analyse von Thema, Stoff und Motiv
Kann man bei dem Gedicht *Under der linden* davon ausgehen, dass die
geschilderte Liebe der Schilderung zeitlich recht nahe ist, so greift Brentanos Gedicht eine Liebesbeziehung auf, die fast märchenhaft weit zurück-
liegt, wenn es in der 1. Strophe heißt:

9 siehe u. a. Richard Alewyn, „*Der Spinnerin Lied*" von Clemens Brentano. In Walter
Urbanek (Hrsg.), Begegnung mit Gedichten, Bamberg 1977, S. 72–75

„Es sang vor *langen Jahren*
wohl auch die Nachtigall,
das war wohl süßer Schall,
da wir *zusammen waren*." (Hervorhebung durch mich, B. M.)

Erneut geht es also um die Vergegenwärtigung von Vergangenem; der Impuls für diese Vergegenwärtigung ist der Gesang der Nachtigall. War er vor „vielen Jahren" süße Begleitmusik für die Liebe, so ist er jetzt Auslöser und ständiger Begleiter einer schmerzhaften Erinnerung (*„nun mahnet mich ihr Schall, dass du von mir gefahren"*, 3/Z. 4 und 5; *„Seit du von mir gefahren, singt stets die Nachtigall"*, 5/Z. 1 und 2).
Der Inhalt des Gedichtes kann in wenigen Worten zusammengefasst werden, so wie der Text auch mit wenigen Schlüsselbegriffen auskommt: Eine Frau (ein Mädchen? eine junge Frau?) hat ihren Geliebten verloren und betrauert diesen Verlust, dessen Ursache vermutet werden kann, aber nicht deutlich ausgesprochen wird (der Verweis auf ein Wiedersehen im Jenseits deutet darauf hin, dass der geliebte Mann verstorben ist, ebenso die Formulierung *von mir gefahren*). Die Klage der Frau ist ein Lied, das ihr über die Tränen hinweghilft (*„ich sing und möchte weinen"*, 6/Z. 4).
Die Erinnerung an das verlorene Glück, die Einsamkeit in der Gegenwart und die Sehnsucht nach dem Geliebten sind die Motive des Liedes, das Vergangenes (Glück), Gegenwärtiges (Einsamkeit und Trauer) und Zukünftiges (Wiederfinden im Himmel als Ausdruck der ungestillten Sehnsucht) miteinander zu einem „Faden" verspinnt.

Analyse des Sprechers
Wie Walther von der Vogelweide verwendet auch Clemens Brentano die Technik des Rollensprechens. Eine Frau, die Spinnerin nämlich, ist es, die hier ihr Klagelied anstimmt.
Die Frau sitzt in der Nacht (mehrfacher Verweis auf den Mond) an ihrem Spinnrad; die Tätigkeit des Spinnens geht einher mit der Erinnerung und der Klage über den Verlust des Geliebten. Der Grundton des Sprechens in Brentanos Gedicht ist natürlich ein völlig anderer als der im Text von Walther von der Vogelweide. Dem fröhlichen „tandarei" steht hier die Betonung der Trauer gegenüber (weinen wollen und nicht weinen können, siehe 2/1 und 6/4).

Analyse der Gedichtform
Schon durch den Titel wird das Gedicht Brentanos in eine Tradition gestellt, nämlich die des Volksliedes. Kennzeichnend für das Volkslied ist der behandelte Themenkreis (Liebesleid und Liebesglück, Abschied, Wanderlust, Essen und Trinken) einerseits und andererseits die einfache Gestaltung. Die Volksliedstrophe weist zumeist vier Verszeilen auf mit drei oder vier Takten

und wechselndem männlichen und weiblichen Versausgang sowie einfachen Reimstrukturen.

Diese volksliedhaften Elemente finden sich auch in Brentanos Text, allerdings
auf höchst kunstvolle Art verwendet (mit Ende des 18. Jahrhunderts vollzieht
sich die Entwicklung vom Volkslied zum Kunstlied, für die neben Brentano
Dichter wie Claudius, Goethe, Heine, Uhland und Eichendorff u. a. stehen).

Brentanos Gedicht besteht aus sechs Strophen mit jeweils vier Versen. Die
Strophen wirken, unabhängig von den gewählten syntaktischen Konstruktionen, als Einheit, weil Brentano nur am Ende der Strophe jeweils einen
Punkt setzt und ansonsten, auch bei der Trennung von Hauptsätzen, nur auf
Kommata zurückgreift, so dass der Sprachfluss nicht durch eine akzentuierte
Pausensetzung am Ende einer Zeile gestört wird.[10] Die erste und vierte Zeile
jeder Strophe endet weiblich-klingend, die zweite und dritte Zeile jeweils
männlich-stumpf. Das Reimschema a b b a, der umarmende Reim also, führt
dazu, dass die männlich-stumpfen Versausgänge „weiblich-klingend" umfasst
werden. Durchgängig sind drei Hebungen pro Vers festzustellen.

Die Besonderheit des Gedichtes von Brentano besteht aber nun darin, dass
er diese volksliedhaften Elemente auf der Ebene der verwendeten Bilder,
Lexeme, Klangstrukturen, Reimwörter und der Entäußerungen der Sprecherin zu einem Geflecht verbindet, dass mit einem Minimum an Gestaltungselementen seine Wirkung erzielt.

Analyse der Mikrostruktur

Analyse von Vers, Strophen, Reimen und klanglichen Strukturen
Die Reimwörter der ersten Strophe sind „a"-Wörter (der Akzent/die
Hebung liegt auf dem „a"), nämlich Jahren, *Nachtigall*, *Schall* und *waren*.
Dies trifft ebenso auf die dritte Strophe (*waren*, *Nachtigall*, *Schall*, *gefahren*) und auf die fünfte Strophe zu (*gefahren*, *Nachtigall*, *Schall*, *waren*).
Seine lautliche Entsprechung findet dieses Muster in den Strophen 2, 4 und
6. Hier sind es jedoch „ei"-Laute, auf die der Akzent gesetzt ist (*weinen*,
allein, *rein*, *scheinen/scheinen*, *allein*, *rein*, *vereinen/vereinen*, *allein*, *rein*,
weinen). Die Klangstruktur ist somit stark durch Assonanzen geprägt.

Deutlich wird auch, dass nicht nur die Reime, sondern auch die Reimwörter
in den Strophengruppen (allerdings mit leichten Abweichungen) gleichblei-
bend sind und nur die Reihenfolge verändert wird (*waren*, *Nachtigall*, *Schall*,
gefahren in Strophe 3, *gefahren*, *Nachtigall*, *Schall* und *waren* in Strophe 5).
Brentanos Gedicht umfasst zwar vierundzwanzig Verszeilen, kommt aber mit
nur 10 Reimwörtern aus, die zudem noch teilweise in bestimmten Kombina-
tionen auftauchen, die dann immer die Strophenmitte bilden (*Nachtigall* auf
Schall in Strophe 1, 3 und 5, *allein* und *rein* in den Strophen 2, 4 und 6).

---

10 Es gibt allerdings auch Textausgaben, in denen in der ersten, dritten und fünften
   Strophe nach der zweiten Zeile ein Semikolon gesetzt ist.

Ein solches Muster lässt sich auch im Tempusgebrauch erkennen. Die dritte und fünfte Strophe greifen zu Beginn jeweils die Vergangenheit auf (was war?) und beschreiben dann die Gegenwart (was ist?). Die zweite, vierte und sechste Strophe beginnen in der „jetzt"-Zeit (was ist?) und deuten dann in die Zukunft (wird sein?). Beispielhaft soll das an der zweiten und dritten Strophe aufgezeigt werden:

„Ich sing und kann nicht weinen   → *Beschreibung der Gegenwart*
Und spinne so allein
Den Faden klar und rein
Solang der Mond wird scheinen."   → *Verweis auf die Zukunft*

„Da wir zusammen waren,   → *Erinnerung an Vergangenes*
Da sang die Nachtigall,
Nun mahnet mich ihr Schall,   → *Vergegenwärtigung*
Dass du von mir gefahren."

Eine weitere Variation des Musters findet sich bei der Zuordnung bestimmter Schlüsselwörter zu den Zeitebenen: Der Gesang der Nachtigall verbindet Gegenwart und Vergangenheit (siehe Strophe 1, 3 und 5), der Mond wird in den Strophen erwähnt, die die Gegenwart und die Zukunft umgreifen.

Von der ersten bis zur sechsten Strophe vollzieht sich somit auf der Ebene der bisher behandelten Elemente eine Art „Kreislauf", die Wiederholung und Variation des stets Gleichen.

Dies entspricht der Gefühlslage der Sprecherin, deren Leben ja um die Erinnerung an das Vergangene, die Vergegenwärtigung des Schmerzes und der Trauer sowie die Sehnsucht nach zukünftigem, dann allerdings nicht irdischem Glück kreist, wobei die Ebenen miteinander verwoben sind.

Die Sprecherin spinnt somit einen „*Faden*" (siehe Strophe 2), der diese Ebenen der Zeit und die Gefühle miteinander verbindet. Einerseits ist es der Gedankenfaden der Frau, denn der Fluss der Gedanken der Sprecherin selbst wird uns ja vermittelt, ein fast assoziatives Kreisen um Erinnerungssegmente, momentane Gefühle und Zukunftshoffnungen. Gleichzeitig ist der Gedankenvorgang verbunden mit der handwerklichen Tätigkeit des Spinnens (nicht zufällig ist also wohl die Wahl auf diese Tätigkeit gefallen) und der Herstellung eines Fadens, der selbst wiederum Teil eines Gewebes oder Motivgeflechtes ist.

Analyse der Bilder/Wörter im Kontext/Stilmittel
Bereits in anderem Zusammenhang (siehe oben) ist darauf hingewiesen worden, dass der Text Elemente enthält, die wir auch in anderen Texten (und auch bildlichen Darstellungen) dieser Epoche wieder finden: der

Mond, die Nacht als Zeit des Geschehens/Vorgangs, die Nachtigall als symbolischer Vogel etwa. Hinzuweisen ist allerdings auf ein Element, das nicht
als Lexem auftaucht, aber durch den Text dennoch generiert wird: Die
Frau sitzt an einem Spinnrad; damit ist auf den symbolischen Gehalt des
Kreises verwiesen. Ein Kreis hat keinen Anfang und kein Ende, er ist kreis-
rund und geschlossen. Wenn man einen Kreis durchläuft, kommt man, egal
in welche Richtung man sich begibt, wieder zum Ausgangspunkt zurück.
Diese Symbolik des Kreises und des Kreislaufes widerspiegelt der Text mit
allen Elementen. So wie die Frau letztlich gedanklich und emotional einen
Kreis nicht verlässt (ihre Gedanken und Gefühle kreisen um das stets Gleiche), so vollzieht sich auf der Ebene der Struktur des Textes ebenfalls ein
Kreislauf: Die Reime und Reimpaare, die Zuordnung der Zeitebenen zu den
Strophen, die Variation weniger Aussagen und Motive, all das entspricht
der Kreisbewegung des Spinnrades.

„Außertextliche" Informationen
– Einordnung des Textes in den literaturhistorischen Kontext (Epochenbe-
  zug: Romantik)
– Vom Volkslied zum Kunstlied: die von Clemens Brentano (1778–1842)
  und Ludwig Achim von Arnim (1781–1831) gemeinsam herausgegebene
  Volksliedersammlung *Des Knaben Wunderhorn*

4.3.3. Erich Kästner (1899–1974)

Sachliche Romanze[11]

Als sie einander acht Jahre kannten
(und man darf sagen: sie kannten sich gut),
kam ihre Liebe plötzlich abhanden.
Wie anderen Leuten ein Stock oder Hut.

5 Sie waren traurig, betrugen sich heiter,
versuchten Küsse, als ob nichts sei,
und sahen sich an und wussten nicht weiter.
Da weinte sie schließlich und er stand dabei.

Vom Fenster aus konnte man Schiffen winken.
10 Er sagte, es wäre schon Viertel nach Vier
Und Zeit, irgendwo Kaffee zu trinken.
Nebenan übte ein Mensch Klavier.

11 vergl. u. a. Rudolf Walter Leonhard, „*Sachliche Romanze*" von Erich Kästner. In Karl
   Hotz, ebd., S. 261–262

Info

Erich Kästner lebt ab
1927 als freier Schrift-
steller in Berlin; 1933
werden seine Bücher
von den National-
sozialisten verboten.
Kästner ist Verfasser
von Kinderbüchern,
Gedichten, Romanen
und einer Komödie.
Er hat zahlreiche Preise
und Auszeichnungen
erhalten, so z. B. den
Georg-Büchner-Preis
(1956) und das Große
Bundesverdienstkreuz
(1959).

Sie gingen ins kleinste Café am Ort
Und rührten in ihren Tassen.
15 Am Abend saßen sie noch immer dort.
Sie saßen allein, und sie sprachen kein Wort
Und konnten es einfach nicht fassen.

Analyse der Makrostruktur

Analyse von Thema, Stoff und Motiv

Schon der Titel des Gedichtes von Kästner kann Irritationen auslösen, ent-hält er doch einen Widerspruch: Wie kann eine Romanze „sachlich" sein? Der Verdacht liegt nahe, dass das, was einmal eine Romanze gewesen ist, mittlerweile „versachlicht" ist, dass es also um Vergangenes und Gegen-wärtiges geht, um den Wechsel von Gefühlen im Verlaufe der Zeit.
Die erste Strophe des Kästner-Textes bestätigt die Anfangsvermutung:
  „Als sie einander acht Jahre kannten
  (und man darf sagen: sie kannten sich gut),
  kam ihre Liebe plötzlich abhanden.
  Wie anderen Leuten ein Stock oder Hut."

Die Thematik des Gedichtes ist damit umrissen: Es geht abermals, wie in den Texten von Walther von der Vogelweise und Clemens Brentano, um eine vergangene Liebe, wobei der Zeitraum, den diese Liebe umgriffen hat, hier allerdings genau fixiert wird (acht Jahre).
Und auch die „Versachlichung", die der Titel ankündigt, wird in der ersten Strophe bereits angesprochen: Die Liebe ist zu einer „Sache" geworden, die „abhanden kommt", die plötzlich verloren geht wie ein Gebrauchsge-genstand, den man irgendwo vergessen hat und dessen Bedeutung nicht (mehr) besonders groß ist.
Die Personen, um die es geht, bleiben namenlos; das unpersönliche Prono-men „sie" wird im gesamten Text beibehalten (bzw. durch das entspre-chende Singular-Pronomen – er/sie – ersetzt).
Die zweite Strophe thematisiert die Hilflosigkeit des Paares, das *traurig* ist, sich aber *heiter* verhält, und die Unfähigkeit der Partner mit der Situation umzugehen: *„da weinte sie schließlich. Und er stand dabei."*
Die Ratlosigkeit mündet in den Versuch, mit Hilfe von Alltagsritualen über die Situation hinwegzukommen. Nahezu gewohnheitsmäßig schlägt der Mann einen Besuch im Café vor (3. Strophe). Dort aber sitzt das Paar, sprachlos und in den Tassen rührend, zu zweit und doch allein mit sich und dem Nicht-Verstehen:
  „Sie saßen allein, und sie sprachen kein Wort
  und konnten es einfach nicht fassen."

Kühl und sachlich, nüchtern und ohne Schnörkel, auch ohne Schuldzuweisung und ohne jeglichen Erklärungsversuch, wird hier ein alltäglicher Vorgang geschildert: Zwei Menschen haben sich auseinander gelebt, haben sich nichts mehr zu sagen (außer Banalitäten), sind auch unfähig, sich gegenseitig zu trösten oder Mut zu machen. Ihre Trauer überspielen sie, und da, wo sich Emotionen nichtsprachlich äußern (das Weinen der Frau), kann der Partner mit der Gefühlsentäußerung nicht (mehr) umgehen (der Mann steht dabei).

Analyse des Sprechers
Der Sprecher im Text tritt als distanzierter Beobachter auf; seine Rolle ist die des Beschreibenden, der sich zurückhält und seine Rolle dennoch transparent macht, wenn er sich, wissend um die Beziehung der beiden Personen, bereits in der zweiten Zeile der 1. Strophe mit dem – in Klammern gesetzten – Satz zu Wort meldet: „*(und man darf sagen: sie kannten sich gut)*". Aber selbst hier nimmt sich der Sprecher zugleich wieder zurück, wenn er das unpersönliche „*man*" verwendet (und nicht „ich" sagt) und nahezu vorsichtig formuliert, *man darf sagen: ...* (Diese Formulierung ist weitaus behutsamer, als etwa ein *Ich kann sagen: ...* oder ein *Ich muss sagen: ...*). Der Sprecher erweckt den Eindruck, als begleite er das Paar. Er ist anwesend im Zimmer, von dessen Fenster aus – wieder ein banales Alltagsritual – man *Schiffen winken* konnte (3. Strophe). Und er scheint auch in dem Café anwesend zu sein, in das sich das Paar begibt. Wir bekommen eine ganz plastische Szene vor Augen geführt, scheinen selbst der Dritte zu sein, der das Paar beobachtet.
Der Sprecher wird aber auch dadurch deutlich, dass er das Geschilderte verallgemeinert: Liebesbeziehungen enden, Liebe geht verloren. Das mag man bedauern, aber ändern kann man es nicht. Es ist eine Alltagserfahrung. Und wenn es überhaupt etwas gibt, was darüber hinweghilft, dann ist es vielleicht die Einsicht, dass der Verlust einer Liebe kein Einzelschicksal ist (darauf deuten die Personalpronomen hin, das Paar ist austauschbar), sondern Teil des menschlichen Lebens. Insofern hat der Text auch parabolischen Charakter: Das „Erzählte" ist übertragbar in unseren Lebensalltag.

Analyse der Gedichtform
Kästners Gedicht besteht aus vier Strophen mit recht einfachem Bau; die Strophen 1–3 weisen vier Zeilen auf, die vierte Strophe 5 Zeilen. Durchgängig tauchen vier Hebungen auf, und in den Strophen 1–3 wird der Kreuzreim (a b a b) verwendet, wobei die erste und dritte Zeile eine weiblichklingende Kadenz aufweisen, die zweite und vierte jeweils eine männlich-stumpfe Kadenz. Die fünfte Zeile der vierten Strophe ist nicht als Waise konzipiert, sondern durch Reim und Kadenz mit der zweiten verbunden (weiblich-klingend/Reimschema g h g h). Die vierte Strophe fällt

somit aus der „Ordnung". Betont wird dadurch, dass in der Beziehung des Paares etwas nicht „in Ordnung" ist. Inhaltlich weisen die beiden letzten Zeilen des Textes ja auf die Sprachlosigkeit und die „Fassungslosigkeit" des Paares hin.

Analyse der Mikrostruktur

Analyse von Strophenform; Vers, Reim und klanglichen Strukturen
Die Kompositionsstruktur des Textes ist schlicht und weist keine Besonderheiten auf (sieht man einmal von der fünfzeiligen Strophe 4 ab). So nüchtern und sachlich wie der Sprecher das Geschehen selbst darstellt, so nüchtern und „sachlich" ist die Darstellung in eine Form gefasst.
Die Strophen vermitteln einen Vorgang in seiner zeitlichen Dimension. Die erste Strophe verweist auf die Dauer der Beziehung und stellt fest, dass die Liebe des Paares *„plötzlich"* abhanden gekommen ist, führt von der Vergangenheit in den gegenwärtigen Zustand. Die zweite Strophe benennt dann die Reaktion des Paares auf den „plötzlichen" Verlust der Liebe (das Weinen der Frau, die Reaktionslosigkeit des Mannes). Die dritte Strophe enthält eine konkrete Zeitangabe (*„Viertel nach Vier"*), und die vierte Strophe gibt an, dass die Zeit vom Nachmittag bis zum Abend bereits verstrichen ist (*„Am Abend saßen sie immer noch dort"*).
Mit der zeitlichen Dimension geht einher die Schilderung von Orten. Dem Nachmittag ist die Wohnung des Paares zugeordnet, die an einem Fluss oder Kanal liegt (man kann den Schiffen winken), dem Abend das kleine Café. Ohne große Schwierigkeiten ließe sich das Gedicht in eine Kurzgeschichte umformen, also eine Textsorte, die ja auch Alltagsthemen und Alltagspersonen in den Mittelpunkt rückt und diese Personen zumeist in einer „Lebenskrise" oder einem entscheidenden Moment des Lebens zeigt.

Analyse der Bilder/Wörter im Kontext/Stilfiguren
Der Schmucklosigkeit im Aufbau und den formalen Gestaltungselementen entspricht die Nüchternheit der Sprache. Die Sätze sind zumeist recht kurz, dem Alltagsgeschehen entspricht das Alltagsvokabular. Sieht man einmal von dem Vergleich in der ersten Strophe ab (die Liebe kommt abhanden wie anderen Menschen ein Stock oder Hut), kommt der Text ohne bildhaftes Sprechen aus. Das, was ist, wird gesagt, wie es ist. Man täte dem Text wahrscheinlich Gewalt an, wollte man den Verweis auf die Schiffe (3/1), die man vom Fenster aus sehen kann, ins Bildhafte überhöhen, denn in der gleichen Strophe wird ja lapidar mitgeteilt, dass *„nebenan"* ein Mensch Klavier übt. Es geht auch hier wohl eher um die nüchterne Feststellung, dass der Verlust der Liebe „alltäglich" ist, so wie das tägliche Vorbeigleiten der Schiffe und das tägliche Üben des Men-

schen in der Wohnung nebenan. Das Verhalten des Paares ist ja ebenfalls auf das Alltägliche beschränkt (sich ansehen, stehen, gehen, sitzen, in der Tasse rühren). Was vorherrscht, ist die Sprachlosigkeit. Und selbst da, wo Sprache der Figuren angedeutet wird, geht es um Banalitäten: die Aufforderung des Mannes ins Café zu gehen.

„Außertextliche" Informationen
Einordnung des Textes in den literaturgeschichtlichen Kontext (Epochenbezug: **Neue Sachlichkeit**)

4.4. Natur und Landschaft
Eduard Mörike, *Er ist 's*
Marie Luise Kaschnitz, *Ostia antica*

4.4.1. Eduard Mörike (1804–1875)

Er ist 's[12]

Frühling lässt sein blaues Band
Wieder flattern durch die Lüfte;
Süße, wohl bekannte Düfte
Streifen ahnungsvoll das Land.
5   Veilchen träumen schon,
Wollen balde kommen.
– Horch, von fern ein leiser Harfenton!
Frühling, ja du bist 's!
Dich hab ich vernommen.

Info

Mörike studiert Theologie und ist nach seiner Vikariatszeit Pfarrer in Cleversulzbach, Mergentheim und Stuttgart, wo er auch stirbt.

Analyse der Makrostruktur

Analyse von Thema, Stoff und Motiv
Mörikes Gedicht greift das Motiv des Jahreszeitenwechsels auf und rückt das Wachsen und Werden der Natur im Frühling in den Zusammenhang mit den Gefühlen, die diese Jahreszeit im Menschen erwecken kann. Schon die ersten beiden Zeilen des Gedichtes verdeutlichen den heiter-positiven Grundton, der den gesamten Text durchzieht.

„Frühling lässt sein blaues Band
Wieder flattern durch die Lüfte".

---

12 vergl. u. a. Elke Austermühl, *„Er ist 's" von Eduard Mörike*. In Karl Hotz, ebd., S. 84; Dr. Robert Hippe, *Die Jahreszeiten im deutschen Gedicht*, Hollfeld o. J., S. 18–19

Die Aktivität der erwachenden Natur wird sofort in einem Bild erfasst, das Assoziationen freisetzt: Das Grau des Himmels (Herbst/Winter) weicht einem frischen Blau, in die Luft kommt Bewegung (flattern/Lüfte). Die Bewegung (in) der Luft, die Neues bringt, ist sinnlich wahrnehmbar, so vermitteln es uns die Zeilen 3 und 4:
    „Süße, wohl bekannte Düfte
    Streifen ahnungsvoll das Land."

Die Ahnung von dem, was kommen wird, wird dann in den Zeilen 5 und 6 verbildlicht:
    „Veilchen träumen schon,
    Wollen balde kommen."

Der Frühling kündigt sich schließlich auch „musikalisch" an: Er ist nicht nur zu sehen (das Blau), zu erriechen (die Düfte), sondern auch zu hören:
    „– Horch, von fern ein leiser Harfenton!
    Frühling, ja du bist 's!
    dich hab ich vernommen!"

Analyse des Sprechers
Von Beginn des Gedichtes an tritt der Sprecher im Gedicht als beschreibendes und seine Empfindungen zum Ausdruck bringendes lyrisches Ich auf, das Vorgänge in der Natur zugleich mit den Empfindungen vermittelt, die diese Vorgänge hervorrufen, denn es werden ja nicht nur die Veränderungen in der Natur beschrieben, sondern zugleich die Sinneswahrnehmungen des lyrischen Ich (das Sehen, das Riechen, das Hören). Geschieht dies zunächst noch implizit, durch die gewählten Bilder, so macht das lyrische Ich in der achten Zeile durch den jubelnden Ausruf („*Frühling, ja du bist 's!*") diese Gefühle auch explizit deutlich. Die Betonung dieses subjektiven Empfindens wird dadurch verstärkt, dass diese Verszeile reimlos ist (Waise) und das gewählte Reimschema (Kreuzreim) durchbricht. Eine weitere Verstärkung der Betonung ergibt sich durch das personalisierende „Du" der Anrede. In der Überschrift heißt es noch „*Er ist 's*". Je stärker der Frühling jedoch auf die Sinne des lyrischen Ich einwirkt, desto „persönlicher" wird der Frühling erfahren. Diese Personalisierung wird in der letzten Zeile fortgeführt („*Dich hab ich vernommen*"). Aus dem Vorgang in der Natur ist ein „Kommunikationspartner", ein Gegenüber geworden.

Analyse der Gedichtform
Mörikes Gedicht besteht aus einer Strophe mit neun Zeilen und durchgängigem Trochäus. Die Verse 1–4 weisen vier Hebungen auf, die Verse 5, 6, 8 und 9 drei Hebungen, der Vers 7 fünf Hebungen („*– Horch, von fern ein leiser Harfenton!*"). Wird die achte Zeile durch die Waise und das erstmalig auf-

tauchende, personalisierende „Du" hervorgehoben, so wird die siebte Zeile durch die fünf Hebungen betont sowie durch den an den Anfang gestellten Gedankenstrich. Diese Zeile bereitet somit den jubelnden Ausruf in der Zeile acht vor, in ihr wird der Frühling „musikalisch" erfasst, er wird „hörbar".

Analyse der Mikrostruktur

Analyse von Strophe, Versmaß, Reimen und klanglichen Strukturen
Oben ist darauf hingewiesen worden, dass Mörikes Gedicht zunächst eine Gruppe von vierhebigen Verszeilen aufweist und dann eine Gruppe von dreihebigen Zeilen, unterbrochen von einer fünfhebigen. Dieses aufgelockerte Taktgefüge, der Wechsel des Metrums, verleiht dem Gedicht seine „metrische" Leichtigkeit und im Zusammenspiel mit den Reimen seine Musikalität. Der Frühling, der den Wechsel in der Natur mit sich bringt, wird rhythmisch fühlbar gemacht und nachempfunden. Dazu tragen auch die „i"-, die „ü"- und die „ei"-Laute bei (*Düfte, Lüfte, Veilchen, streifen, süße, wieder, Frühling, ist 's, bist 's, dich*). Diese hellen Laute finden einen musikalischen Widerpart in den dunklen und volltönenden „a"- und „o"-Lauten (*Land, Band, Harfenton*). Die formale Gestaltung und die klanglichen Elemente unterstützen mithin die Vermittlung der Gefühle des Sprechers, dem es ja nicht darum geht, das Werden in der Natur „realistisch" darzustellen, sondern seine Empfindungen in Bildern Ausdruck zu geben. Die Bewegung in der Natur und die Bewegung im Herzen/in der Seele des Sprechers bilden eine Einheit mit der Bewegung der Laute und der Verse und Reime.

Analyse der Bilder/Wörter im Kontext/Stilfiguren
Die Natur wird in Mörikes Gedicht durchweg bildhaft belebt: Der Frühling lässt sein Band flattern (wie Kinder es mit Fahnen oder Wimpeln tun oder wie Kleider im Wind flattern), die Düfte sind nicht einfach da, sondern sie *„strei-fen"* das Land, die Veilchen *„träumen"* und *„wollen"* aus der Erde kommen. Diese Anthropomorphisierung der Natur findet ihren Ausdruck auch in dem ungewöhnlichen Bild vom *„Harfenton"*. Der Frühling wird hörbar gemacht, er bekommt eine ganz eigene sinnliche Qualität, nämlich die einer zarten und leisen Musik. Werden in den Zeilen 1–6 Aussagen getroffen, so steigert sich die Aussage nach der Zeile 7, die auf den Harfenton verweist, zu jenem Jubelruf, der die Begeisterung des lyrischen Ich, seine innerste Empfindung in dem Ausruf *„Frühling, ja du bist 's"* zusammenfasst.

„Außertextliche" Informationen
Lyrik abseits von den politischen und sozialen Konflikten der Zeit (Epochenbezug: **Biedermeier/Vormärz und die Anfänge des Realismus**)
Mörike (1804–1875) und seine „politischen" Zeitgenossen, etwa Büchner, Grabbe

4.4.2. Marie Luise Kaschnitz (1901–1974)

Ostia antica[13]

Durch die Tore: niemand
Treppen: fort ins Blau
Auf dem Estrich: Thymian
Auf den Tischen: Tau.
5 Zwiegespräch aus Stille
Tod aus Käferzug
Abendrot im Teller
Asche im Krug.
Asphodeloswiese
10 Fledermäusekreis
Dieseits oder drüben
Wer das weiß –

Analyse der Makrostruktur

Analyse von Thema, Stoff und Motiv

Der Text von Marie Luise Kaschnitz hätte auch an anderer Stelle dieses Bandes behandelt werden können, im Abschnitt 4.1. nämlich, denn der Titel *Ostia antica* bezeichnet die alte Hafenstadt Roms an der Tibermündung in das Tyrrhenische Meer, deren Überreste durch Ausgrabungen kurz nach der Jahrhundertwende entdeckt worden sind. Und die Ruinen der alten Stadt sind der Ort, um den es im Gedicht der Kaschnitz vordergründig geht. Das Gedicht ist allerdings weit mehr als eine Reise- oder Ortsbeschreibung einer alten Stätte. Die Natur hat im Laufe der Jahrhunderte nämlich die verfallenen Überreste der menschlichen Kultur (*Tore*, *Treppen*, *Teller*, *Tische*) erobert bzw. zurückerobert. Es geht also vielmehr um Vergangenheit, Gegenwart und Zukunft oder, wie es in der vorletzten Zeile des Textes heißt, um *„dieseits oder drüben"*. Der Ort ist somit nicht als Denkmal oder Zeugnis menschlicher Baukunst von Interesse, sondern als Symbolort. Ganz unabhängig von seinem individuellen Reiz ist er als solcher austauschbar. Behandelt Mörikes Text das Werden und bleibt ganz diesseitig, so verweisen die Naturelemente im Text von Kaschnitz auf das Vergehen, auf die Grenzlinie zwischen Leben und Tod.

Analyse des Sprechers

Der Sprecher im Gedicht ist zunächst ein leiser Beobachter, er ist anwesend, aber kaum zu greifen. Er wählt einzelne Sujets aus und vermittelt sie sprachlich verdichtet. In den so entstehenden Bildern äußert er sich zunächst im-

13 vergl. u. a. Edgar Neis, *Städte und Landschaften im deutschen Gedicht*, ebd., S. 136 f.; Karl Hotz, *Marie Luise Kaschnitz – Ostia antica*. In K. Hotz, ebd., S. 265 f.

plizit. Erst in den letzten beiden Versen des Gedichtes, in denen die vorher gelieferten, Assoziationen freisetzenden Bilder verallgemeinert werden (*„Diesseits oder drüben/Wer das weiß"*) „spricht" der Sprecher des Textes seine Gedanken offen aus. Ein Vergleich kann vielleicht dienlich sein: Der Sprecher im Text ähnelt einem Fotografen. Ein Fotograf ist ja auf den von ihm geschossenen Bildern nicht anwesend, aber dennoch ist seine Handschrift spürbar in der Auswahl der Motive, in ihrer Zusammenstellung, im Zugriff auf den abgebildeten Gegenstand (Totale, Halbtotale, Nahaufnahme), in der Gestaltung von Licht und Schatten, Farbe und Kontrasten. Der fotografische Blick auf einen Gegenstand/ein Motiv verrät also nicht nur etwas über diesen Gegenstand/dieses Motiv, sondern auch über denjenigen, der hinter der Kamera gestanden hat.

Analyse der Gedichtform
Der Text besteht aus einer Strophe mit insgesamt zwölf Versen. Diese zwölf Verse sind in drei Gruppen unterteilt, die jeweils vier Verszeilen umfassen und durch einen Punkt am Ende der vierten Zeile gekennzeichnet sind. Die erste Gruppe lautet:
„Durch die Tore: niemand
Treppen: fort ins Blau
Auf dem Estrich: Thymian
Auf den Tischen: Tau."

Kennzeichnend ist hier die Ersetzung des Prädikats durch den Doppelpunkt (es handelt sich also um vier Ellipsen). Wenn wir beim oben angedeuteten Vergleich mit einer Fotoserie bleiben, so haben wir vier Aufnahmen. Die erste zeigt Tore, die zweite Treppen, die ins *„Blau"* führen (also einen Ausschnitt des Himmels aufgreifen), die dritte von Thymian überwucherten Boden und die vierte einen Tisch, von Tau benetzt. Dies erweckt die Vorstellung, dass ein Besucher der alten Stadt diese durch eines der zuvor abgelichteten Tore betritt, dann Treppen hinaufgeht, die vielleicht zu einer Terrasse führen, die wiederum den Blick zum Himmel freigibt.
Das dritte Foto zeigt den Boden der Terrasse, das vierte Gegenstände, die auf der Terrasse stehen (Tische). Wir haben, fotografisch gesprochen, einen Zoom-Effekt: von den Toren und den Treppen mit einem Teil des Himmels (Totale oder Halbtotale) über eine Nahaufnahme (der Boden) zu einem Gegenstand, den Tischen mit dem Tau. Gleichzeitig sind Architektur (Tore, Treppen, Boden) und Gebrauchsgegenstände (die Tische) erfasst, die Zeugnis ablegen vom Untergang einer menschlichen Kultur. Die Zeilen fünf bis acht lauten:
„Zwiegespräch aus Stille
Tod aus Käferzug
Abendrot im Teller
Asche im Krug."

Wieder können wir Parallelen zur Fotografie erkennen, wieder liegen (auf syntaktischer Ebene) vier Ellipsen vor. Ein Stillleben als erstes Foto der zweiten Gruppe. Die Tische, an denen einst Menschen gesessen haben, sind nun Zeugen eines stummen „Zwiegesprächs", sie sind Zeichen einer untergegangenen Kultur und stehen in einem kommunikativen Kontext mit den sie umgebenden Steinen der Terrasse, den Treppen, den Toren. Es folgt, um im Bilde zu bleiben, ein „Objektivwechsel". Wir bekommen (Nahaufnahme/Makroobjektiv) drei Details präsentiert: Käfer, die über die Terrasse ziehen, das Abendrot, das sich in einem Teller spiegelt, und Asche in einem Krug. Bereits in dieser Versgruppe wird aber die Bedeutung der Auswahl des Gezeigten für eine Interpretation erkennbar: Die Käfer werden mit dem sprachlichen Verweis auf den Tod gekoppelt, nicht der Krug wird abgebildet, sondern die Asche im Krug, die symbolisch für den Tod steht.

Waren in den ersten beiden Versgruppen noch gegenständliche Abbildungen mit allerdings starker metaphorischer oder symbolischer Bedeutung erkennbar, so verschiebt sich in der letzten Versgruppe der Akzent ins Metaphorische, hinter dem das Gegenständliche zurücktritt:

„Asphodeloswiese
Fledermäusekreis
Diesseits oder drüben
Wer das weiß –"

Die letzten beiden „Aufnahmen" greifen zwar „Natürliches" auf, sind aber letztlich reine Metaphern, die den Zusammenhang von Leben und Tod, der in den Verszeilen 11 und 12 explizit angesprochen wird, bildlich erfassen. Asphodelen sind Liliengewächse des Mittelmeerraums (könnten also auf einem Foto abgebildet sein). Entscheidend ist aber ihre Bedeutung im mythologischen Kontext: Sie sind Trauerblumen und im Mythos der Gattin des Hades geweiht.

Die Fledermäuse, die im nächsten Vers benannt werden, treffen wir ebenfalls im Mittelmeerraum an, aber auf die Nacht, die Dunkelheit und den Tod verweisen auch sie, zumal durch den Neologismus „Fledermäusekreis" eine gegenständliche Interpretation nahezu ausgeschlossen ist.

Auf die zwei „Einwort-Sätze" (Zeile 9 und 10) folgen die beiden letzten Zeilen des Gedichtes, in denen das einzige Verb des Textes (wissen) auftaucht.

Analyse der Mikrostruktur

Analyse von Vers, Strophe, Reimen und Klangstrukturen

Die Verszeilen weisen durchweg drei Hebungen auf:

Dúrch dieTóre: níemand
Tréppen: fórt ins Bláu

Aúf dem Éstrich: Thýmian
Aúf den Tíschen: Táu.

Zwei Zeilen weichen von diesem Schema ab, nämlich die Zeile 8 (Ásche im Krúg) und die Zeile 12 (Wér das weíß). Der symbolische Hinweis auf den Tod (Asche/Krug) und das Aufwerfen der Frage nach der Vergänglichkeit und dem Übergang vom Leben zum Tod werden somit durch die Taktgebung betont. Eine Entsprechung, nämlich das Hervorheben und die Akzentsetzung durch formale Gestaltungsmittel, findet sich bei der Betrachtung der Reime. In den Zeilen 1–4 mit der noch recht starken Gegenständlichkeit findet sich ein Kreuzreim. In der zweiten Versgruppe reimen sich jedoch nur die Zeilen 6 und 8, wodurch wiederum zwei Verse hervorgehoben werden, die den Tod akzentuieren: *Tod aus Käferzug/Asche im Krug*. Dieses Muster wiederholt sich in der dritten Versgruppe mit den Zeilen 10 und 12: *Fledermäusekreis/Wer das weiß –*.
Das Thema Leben/Tod wird durch ein weiteres Stilmittel betont, die Alliteration. Sie findet sich einmal in der Dreiergruppe *Abendrot-Asche-Asphodeloswiese* (Vers 7–9) sowie in den Zeilen 11 und 12 (*Diesseits oder drüben/ Wer das weiß –*).

Analyse der Bilder/Wörter im Kontext/Stilmittel
Auf die Bildhaftigkeit des Textes ist im anderen Zusammenhang bereits hingewiesen worden; hier soll an einigen Beispielen noch einmal verdeutlicht werden, dass das Gedicht der Kaschnitz bestimmte Elemente der Realität aufgreift, um sie dann sprachlich zu verdichten und sie mit Symbolgehalt aufzuladen.
„Durch die Tore: niemand" (Z. 1) Auf der ersten Ebene, der der Elemente aus der Realität, erweckt diese Zeile in jedem von uns eine Vorstellung von alten Stadt- oder Burgtoren oder antiken Stätten, die wir besucht haben (und in der Tat ist die Autorin selbst, die von 1955 bis zu ihrem Tod im Jahre 1974 in Rom gelebt hat, durch die Ruinen von Ostia antica gegangen). Durch ein Tor erhalten wir aber nicht nur Zugang zu einem Ort oder Raum, sondern wir erhalten im doppelten Sinne einen Einblick: Niemand lebt mehr hinter den Toren; aber auch: Wir erhalten Einblick in den Untergang einer früheren Zivilisation, deren Relikte uns an die eigene Vergänglichkeit erinnern (die Asche in der Vase).
„Treppen: fort ins Blau" (Z. 2) Niemand begeht diese Treppen mehr, sie sind funktionslos geworden. Das Blau verweist auf den (italienischen) Himmel, nahezu auf eine Postkartenidylle. Aber auch: Die Treppen führen nach oben, himmelwärts, dem *„drüben"* (Z. 11) zu. Sie werden im Gedicht der Kaschnitz zum Symbol für unseren Lebensweg und den Weg aller menschlichen Zivilisation.
Auf syntaktischer Ebene ist das auffälligste Mittel die Verwendung von unvollständigen Sätzen, die, zunächst noch elliptisch, schließlich zu den Ein-

Wort-Sätzen in Zeile 9 und 10 führen. Das Fehlen von Verben (Ausnahme: Zeile 12) muss als schlüssig gelten, wenn es darum geht, Bewegungslosigkeit, Starre und Tod zu versprachlichen.

„Außertextliche" Informationen
Zuordnung zum literaturhistorischen Kontext (Epochenbezug: **Moderne/ Lyrik der Gegenwart**)
Das erzählerische Werk von Marie Luise Kaschnitz

4.5. Politik
Heinrich Heine, *Deutschland. Ein Wintermärchen*
Caput II, Strophe 1–4
Yaak Karsunke, *Konzertierte Aktion*

Bei der Analyse von politischen Gedichten müssen generell *keine anderen Verfahren* angewendet werden als die an den bisher behandelten Gedichten aufgezeigten. Dennoch sind einige zusätzliche Hinweise sinnvoll: Politische Lyrik greift gesellschaftliche, politische, ökonomische oder soziale Themen und Fragestellungen auf, die immer in einem bestimmten historischen Kontext stehen. Ohne die Ausleuchtung dieses Kontextes können politische Gedichte kaum richtig erfasst und noch weniger bewertet werden.[14] Zur Bewertung fordern sie aber geradezu heraus. Dies bedeutet auch, dass der politische Standpunkt des Rezipienten ein bedeutender Faktor ist und in die Erörterung des Textes einfließen wird. Zur Illustration kann auf die in 4.1. behandelten Texte von Friedrich von Logau und August Stramm zurückgegriffen werden. Beide Texte sind insofern (auch) politische Texte, als sie auf ein politisch-historisches Ereignis eingehen (30-jähriger Krieg/1. Weltkrieg) und die Autoren, in jeweils spezifischer Weise ästhetisch vermittelt, eine Haltung gegenüber dem behandelten Gegenstand einnehmen und diese Haltung dem Publikum verdeutlichen. Beide Gedichte können eindeutig als „Anti-Kriegs-Gedichte" klassifiziert werden. Bei der Analyse und Interpretation müssen wir uns mit dieser Haltung gegenüber dem Krieg auseinander setzen und uns gleichzeitig unsere eigene Haltung bewusst machen. In politischen Gedichten spielt weitaus stärker als bei anderen Themen die appellative Funktion des sprachlichen Zeichens eine Rolle. Zu berücksichtigen ist in diesem Zusammenhang deshalb auch, in welchem historischen Abstand wir uns zu dem Dargestellten befinden (dies kann z. B. dazu führen, dass uns der Text weitaus weniger „anspricht", als es in Bezug auf die Zeitgenossen des Autors der Fall war).

14 Aus diesem Grunde werden weitaus umfangreichere Informationen über den Kontext der beiden Gedichte gegeben, als es bei den anderen behandelten Texten der Fall ist, B. M.

4.5.1. Heinrich Heine

Deutschland. Ein Wintermärchen, Caput II (1–4) (1844)[15]

Während die Kleine von Himmelslust
Getrillert und musizieret,
Ward von den preußischen Douaniers
Mein Koffer visitieret.

5 Beschnüffelten Alles, kramten herum
In Hemden, Hosen, Schnupftüchern;
Sie suchten nach Spitzen, nach Bijouterien,
Auch nach verbotenen Büchern.

Ihr Toren, die ihr im Koffer sucht!
10 Hier werdet Ihr nichts entdecken!
Die Contrebande, die mit mir reist,
Die hab ich im Kopfe stecken.

Hier hab ich Spitzen, die feiner sind
Als die von Brüssel und Mecheln,
15 Und pack ich einst meine Spitzen aus,
Sie werden Euch sticheln und hecheln.

Makroanalyse

Analyse von Thema, Stoff und Motiv

Heines Versepos *Deutschland. Ein Wintermärchen* (oft auch als Reise-Epos bezeichnet) besteht aus 27 Kapiteln (Caput genannt) mit unterschiedlicher Strophenzahl (insgesamt über 500 Strophen). Entstanden ist der Text, der als Schilderung einer Reise daherkommt, im Jahre 1844 im französischen Exil. Ein Jahre vorher, also 1843, war Heinrich Heine, nach 12 Jahren Emigration, erstmalig wieder nach Deutschland zurückgekehrt und hielt sich u. a. in Bremen und Hamburg (Hinreise) sowie Köln und Aachen (Rückreise nach Paris) auf. Im *Wintermärchen* beschreibt Heine die Reisestationen aber in der Reihenfolge, die er für die Rückreise genommen hatte.

Im Caput I schildert Heine seine Stimmung bei der Einreise nach Deutschland und stellt, in Abgrenzung von einem Lied, das ein „kleines Harfenmädchen" singt, die Programmatik seiner Lyrik vor:

---

15 vergl. u. a. Karl-Heinz Fingerhut, *Heinrich Heine, Deutschland. Ein Wintermärchen* (Unterrichtsmodelle), Frankfurt 1976, S. 12

Heinrich Heine wird 1797 in Düsseldorf geboren. Nach dem gescheiterten Versuch einer kaufmännischen Tätigkeit studiert er von 1819–1825 Rechtswissenschaft in Bonn und später in Göttingen. Sein Interesse gilt der Literatur; auf einer Wanderung entsteht Heines erstes bedeutendes Werk *Die Harzreise* (1824). Nach der gescheiterten Juli-Revolution emigriert er 1831 nach Paris und lebt dort als Journalist. 1856 stirbt er in Paris nach achtjähriger Krankheit. Heinrich Heine nimmt in seinem Werk in satirischer Weise Stellung zu politischen Fragen. Seine Ablehnung des Absolutismus und seine Forderung nach Presse- und Meinungsfreiheit führen schließlich zu seiner Emigration und zum Verbot seiner Bücher in Deutschland. Er zählt zusammen mit Büchner und den *Göttinger Sieben* zum Literatenkreis *Junges Deutschland*.

„Ein neues Lied, ein besseres Lied,
O Freunde, will ich Euch dichten!
Wir wollen hier auf Erden schon
Das Himmelreich errichten."

Das Caput II beginnt mit der Schilderung des Grenzübertrittes und der
Kontrolle durch die Zöllner:
„Während die Kleine von Himmelslust
Getrillert und musiziert,
Ward von den preußischen Douaniers
Mein Koffer visitieret."

Unter Rückgriff auf Caput I (das Lied des Mädchens) zeigt Heine den Wider-
spruch zwischen der naiv-fröhlichen Weise des Mädchens und der politischen
Realität deutlich auf. Die preußischen Grenzbeamten (das Rheinland, in das
Heine, von Frankreich kommend, einreist, gehörte seit 1815 – Wiener Kon-
gress – zu Preußen) kontrollieren seinen Koffer. Es geht ihnen dabei aber um
mehr als profane Schmuggelwaren. Das macht die zweite Strophe deutlich:
„Beschnüffelten Alles, kramten herum
In Hemden, Hosen, Schnupftüchern;
Sie suchten nach Spitzen, nach Bijouterien,
Auch nach verbotenen Büchern."

Die folgenden Strophen beinhalten einen Kommentar des Sprechers, in
dem er, allerdings sprachlich codiert, politische Aussagen trifft:
„Ihr Toren, die ihr im Koffer sucht!
Hier werdet Ihr nichts entdecken!
Die Contrebande, die mit mir reist,
Die hab ich im Kopfe stecken.

Hier hab ich Spitzen, die feiner sind
Als die von Brüssel und Mecheln,
Und pack ich einst meine Spitzen aus,
Sie werden Euch sticheln und hecheln."

Die Thematik der ersten vier Strophen des Caput II umfasst somit die politischen Machtverhältnisse in Deutschland (Rheinland als Teil Preußens) sowie
einen Aspekt der Innenpolitik, nämlich den der politischen Zensur (verbo-
tene Bücher).

Analyse des Sprechers
Der Sprecher ist ein lyrisches Ich. Bereits die wenigen Zeilen des Caput II machen deutlich, dass nicht nur die Symbolfunktion des sprachlichen Zeichens

zum Tragen kommt (Darstellung von Sachverhalten, hier die Beschreibung des Kontrollvorganges), sondern dass der Sprecher deutlich Position bezieht (Symptomfunktion des sprachlichen Zeichens) und Kritik an den gesellschaftlichen Zuständen seiner Zeit übt. Dies tut er mit ästhetischen Mitteln (Stilmittel der Ironie und der semantischen Doppeldeutigkeit, siehe ausführlicher dazu die Mikroanalyse) und einer bestimmten Intention: Seine Absicht ist es, die herrschende Norm zu hinterfragen (Zensur/Kontrolle/Verbot von Büchern), die Organe dieser Norm (hier: die Zollbeamten) der Lächerlichkeit preiszugeben und zur möglichen Veränderung aufzurufen (*Pack ich einst meine Spitzen aus, …*). Der Sprecher will einen Reflexionsprozess im Leser auslösen und den Rezipienten zu einer Einstellungsänderung bringen (Ablehnung der Zensur).

Besonders der letzte Aspekt macht, um auf die Einleitung zu diesem Abschnitt kurz zurückzukommen, deutlich, wie sehr die Wirkung eines Textes vom historischen Kontext, in dem Autor und Rezipient stehen, abhängig ist. Die Zeitgenossen Heines waren mit der Zensur als politische Norm vertraut. Ohne dass der Sprecher im Text das Wort Zensur überhaupt verwenden muss, war den zeitgenössischen Lesern des Textes von Heine klar, wogegen sich die Kritik richtet (mit den sog. „Karlsbader Beschlüssen" war ab dem Jahre 1819 die Zensur von Zeitungen und anderen Publikationen juristisch kodifiziert worden; auf dieser Grundlage waren die Beschlüsse gegen die Schriftsteller des „Jungen Deutschland"[16] erlassen worden).

Analyse der Gedichtform

Das Caput II besteht aus 11 Strophen (von denen lediglich vier hier behandelt werden) und beschreibt auf der Ebene der Reise die Station des Grenzübertrittes nach Deutschland; die politischen Themen, die angesprochen werden, sind die Machtverhältnisse in Deutschland (Verweis auf Preußen), die Zensur sowie die deutsche Einheit unter Anspielung auf den Zollverein[17] (Thema der Strophen 8–11).

Jeweils die zweite und die vierte Zeile einer Strophe reimen sich, der erste und dritte Vers weist vier Hebungen auf, der zweite und vierte je drei, wobei zwischen Jamben und Anapästen gewechselt wird (Vagantenstrophe/Knittelvers).

16 Hier hieß es u. a.: „Sämtliche deutschen Regierungen übernehmen die Verpflichtung, gegen die Verfasser, Verleger, Drucker und Verbreiter der Schriften aus der unter der Bezeichnung ‚das junge Deutschland' oder ‚die junge Literatur' bekannten literarischen Schule, zu welcher namentlich Heinrich Heine, Karl Gutzkow, Heinrich Laube, Ludolf Wienbarg und Theodor Mundt gehören, die Straf- und Polizeigesetze ihres Landes, sowie die gegen den Missbrauch der Presse bestehenden Vorschriften, nach ihrer vollen Strenge in Anwendung zu bringen, auch die Verbreitung dieser Schriften, sei es durch den Buchhandel, durch Leihbibliotheken oder auf sonstige Weise, mit allen ihnen gesetzlich zu Gebot stehenden Mitteln zu verhindern." (zitiert nach: Jost Hermand (Hrsg.), *Das Junge Deutschland: Texte und Dokumente*, Stuttgart 1966, S. 331)

17 Unter Führung Preußens bildeten die meisten deutschen Staaten seit 1834 den Zollverein.

Analyse der Mikrostruktur

Analyse von Versmaß, Strophenform, Reimen und klanglichen Strukturen

Mit den von ihm gewählten Gestaltungsmitteln (siehe den vorausgegangenen Abschnitt) stellt sich Heine in die Tradition der Vagantendichtung, die weltliche Lyrik umherfahrender Studenten und Kleriker, die im 12./13. Jahrhundert entstanden ist, in ganz Europa Verbreitung fand und einen ihrer Höhepunkte in den Balladen des Franzosen Villon (15. Jahrhundert) hatte.

Auffällig sind vor allem die (selbst in diesem kleinen Ausschnitt des Gesamttextes) auftretenden ungewöhnlichen Reimpaare: *musizieret/visitieret/ Schnupftüchern/Büchern, Mecheln/hecheln*, die einerseits ihre eigene Originalität haben und mit Absicht auf „Lacher" abzielen, andererseits aber im Zusammenhang mit Heines Technik der semantischen Doppeldeutigkeiten entstehen.

Analyse der Bilder/Wörter im Kontext/Stilfiguren

In Strophe 2 baut Heine zunächst das Wortfeld „Kleidung/Schmuck" durch die Reihung *Hemden, Hosen, Schnupftücher, Bijouterien* (Schmuckstücke) und *Spitzen* auf; unvermittelt wird durch das „auch" (fast beiläufig) der eigentliche Sinn der Kofferkontrolle angesprochen (durch das Verb „*schnüffeln*" werden zugleich die Zöllner assoziativ schnüffelnden Hunden gleichgesetzt, die treu und brav die Arbeit für ihre Herren verrichten).

In Strophe 4 wird der Begriff „*Spitze*" aufgegriffen, aber ein zweites semantisches Feld eröffnet: Hier wird das Wort „*Spitze*" im Sinne von „Pointe" oder „satirischer Hieb" verwendet. Beide semantischen Ebenen des Lexems „*Spitze*" werden verbunden durch den Hinweis des Sprechers, seine Spitzen seien feiner als die aus Brüssel und Mecheln. Die Ortsangabe verweist auf das Wortfeld „Kleidung/Textilien", denn Brüssel und Mecheln (in der Provinz Antwerpen gelegen) waren für ihre Textilproduktion bekannt; die „Spitzen" des Sprechers sind aber von ganz anderer Art als die feinen Gewebe aus Flamen[18].

Die Schmuggelware (*contrebande*) hat der Sprecher des Textes nicht in seinem Koffer, sondern in seinem Kopf: Es sind seine Ideen und politischen Überzeugungen, die auf Gesellschaftsveränderung zielen.

---

18 In Caput III wird Heine eine weitere semantische Ebene des Wortes „Spitze" eröffnen, wenn er sich über die im preußischen Heer durch Friedrich Wilhelm IV. eingeführte „Pickelhaube" auslässt:
„Ja, ja, der Helm gefällt mir, er zeugt
Vom allerhöchsten Witze!
Ein königlicher Einfall wars!
Es fehlt nicht die Pointe, die Spitze!"

Motivverknüpfungen und semantische Mehrfachcodierungen ziehen sich durch den gesamten Text des *Wintermärchens* und bilden so ein textinternes Verweisungsgefüge.

„Außertextliche" Informationen
Einordnung des Textes in die Biografie Heines
gesellschaftliche (historische) Situation Deutschlands
die literarischen und politischen Strömungen vor der Revolution von 1848
(Epochenbezug: **Restauration/Junges Deutschland/Vormärz**)

4.5.2. Yaak Karsunke (geb. 4. 6. 1934)

Konzertierte Aktion[19]

weiterhin spielt kapital
die erste geige.
politiker stoßen ins horn
die unternehmer haun auf die pauke
5 dass vom schellenbaum klirrend
der sozialklimbim abfällt
(den arbeitern bringt man
die flötentöne noch bei)

wann endlich
10 wird das publikum pfeifen?

Yaak Karsunke
*1934 in Berlin, lebt
und arbeitet in Berlin.
Stationen u.a.: Jura-
Studium. Schauspiel-
schule. 1965 Mitbe-
gründer der Zeitschrift
„Kürbiskern". Dozent.
Freier Schriftsteller.
Arbeitsgebiete: Gedicht,
Erzählung, Roman.
Veröffentlichungen
(Auswahl): *Kilroy und
andere. Reden und
Ausreden*, Gedichte
(2000).

Makroanalyse

Analyse von Thema, Stoff und Motiv
Der Titel des Textes greift einen ökonomisch-politischen Begriff auf, der in
der Ära der sozialliberalen Koalition in der Bundesrepublik Deutschland von
dem damaligen Wirtschaftsminister Karl Schiller (SPD) geprägt worden war.
Schiller, der wegen seiner oft bildhaften Formulierungen von Kabarettisten
gerne „Metaphern-Karl" genannt wurde, hatte die „Konzertierte Aktion" an-
geregt. Alle wesentlichen am Wirtschaftsgeschehen direkt und indirekt beteiligten Gruppen und Institutionen, also Konzerne und Industrieverbände,
Gewerkschaften und Banken, sollten gemeinsam mit der Bundesregierung
an Konzepten zur Stabilisierung und zum Wachstum der Wirtschaft arbeiten.
Ganz besonders der Sozialpartnerschaftsgedanke (Unternehmen und Gewerkschaften nicht mehr als Vertreter von ganz unterschiedlichen Interessen,
sondern als Partner), der Teil dieser Konzeption war, wurde kritisiert, da dazu beitrug, so die Kritiker, fundamentale Gegensätze (marxistisch gesprochen: Klassengegensätze) zu verwischen und die Arbeiter zu „befrieden".

19 vergl. u. a. Dr. Robert Hippe, *Deutsche politische Gedichte*, Hollfeld o. J., S. 55; Karl-
Heinz Fingerhut/Norbert Hopster, *Politische Lyrik: Arbeitsbuch/Begleitheft*, Frankfurt 1974, S. 46

Der Text von Karsunke hat den Charakter von „Gebrauchslyrik" für die tagespolitische Auseinandersetzung, steht aber gleichzeitig in einer bestimmten Tradition politischer Lyrik, insofern er sich gegen die Sozialdemokraten als „Verräter" an der Sache der Arbeiter wendet. Dies ist ein Thema seit der Spaltung der Sozialdemokratie und der Entwicklung unabhängig von ihr existierender „linker" Gruppierungen und Parteien (einschließlich der Kommunisten).

Dass der Text sich in die Kritik an der Sozialpartnerschaft einreiht, machen bereits die beiden ersten Zeilen deutlich:

> „weiterhin spielt kapital
> die erste geige".

Der Sprecher verdeutlicht hier, dass er das Wirtschaftsgeschehen als auf den ökonomischen Gesetzen des Kapitalismus beruhend einschätzt und dass das *Kapital* der bestimmende Faktor ist. Gleichzeitig wird in den ersten beiden Zeilen die Isotopieebene deutlich, die im gesamten Text durchgehalten wird. Ausgehend von dem Begriff „Konzert" (konzertierte Aktion) wird das Bild eines Orchesters entwickelt, das auch eine Rangstufe innerhalb der Instrumente kennt (1. Geige, 2. Geige etc.)

Und so heißt es weiter im Text:

> „politiker stoßen ins horn
> die unternehmer haun auf die pauke
> dass vom schellenbaum klirrend
> der sozialklimbim abfällt
> (den arbeitern bringt man
> die flötentöne noch bei)
>
> wann endlich
> wird das publikum pfeifen?"

Auffällig ist bei der Beschreibung des Orchesters, dass einzelnen gesellschaftlichen Gruppen bestimmte Instrumente zugeordnet sind und sich die Beschreibung ihrer „musikalischen Aktivität" immer auf zwei Ebenen lesen lässt, nämlich der der musikinternen und der auf die gesellschaftliche Ebene bezogenen Bedeutung. Dies gelingt Karsunke durch den Rückgriff auf bildhafte Redensarten, die Musikinstrumente oder das Musizieren aufgreifen (die *erste Geige* spielen: das Sagen haben, bestimmen).

Analyse des Sprechers
Der Sprecher verfolgt die Absicht, einen Reflexionsprozess beim Publikum auszulösen. Er appelliert nicht an Gefühle, sondern an den Intellekt des Publikums. Das angeschnittene Problem (Sozialpartnerschaft/Klassengegensätze) wird nicht direkt benannt, sondern durch die Bildebene, die den ge-

samten Text bestimmt, „uneigentlich" zum Ausdruck gebracht. Die Haltung des Sprechers im Text wird durch die in den letzten beiden Zeilen aufgeworfene Frage deutlich (wann endlich *wird das Publikum pfeifen?*). Ein Publikum pfeift immer dann, wenn es ein Konzert (eine Darbietung überhaupt) schlecht findet. Die Frage lässt allerdings offen, wer denn überhaupt das Publikum ist. Ebenso ist unklar, an wen (an welchen fiktiven Gesprächspartner) sich die Frage richtet. Vermutet werden kann, dass Karsunke die liberale und demokratische (politisch durchaus auch links eingestellte) Öffentlichkeit meint, die damals die Sozialdemokratie (hauptsächlich wegen der neuen „Ostpolitik" und des Versprechens, „mehr Demokratie zu wagen", eine Formulierung von Willy Brandt) unterstützte.

Analyse der Gedichtform
Der Text besteht aus zehn Zeilen. Die Zeilen 1–8 stellen das „Orchester" dar und ordnen die einzelnen Instrumente (*Geige, Horn, Pauke, Flöte, Schellenbaum*) bestimmten „Musikern" (gesellschaftlichen Gruppen) zu. Die Zeilen 1–8 bestehen aus einer Reihung von Aussagesätzen, die Zeilen 9 und 10 sind als Frage formuliert.

Analyse der Mikrostruktur

Analyse der Bilder/Wörter im Kontext/Stilfiguren
Der Text wird durch das Bild vom Orchester bestimmt und die damit einhergehende Verschränkung des „musikalischen" und „ökonomischen" Bereichs. Auffällig ist, dass dem Kapital (eine Anonymisierung, gemeint sind wahrscheinlich die Banken), den Unternehmern und den Politikern Instrumente zugeordnet sind, die in einem Orchester entweder eine Führungsrolle übernehmen (*die Geige*) oder durch ihre Tonlage bzw. Lautstärke Dominanz suggerieren (*Horn/Pauke*). Den Arbeitern ist demgegenüber *die Flöte* zugeordnet, was nicht (auf der gesellschaftlichen Ebene) von Dominanz und Kraft zeugt. Die Arbeiter scheinen aber noch nicht vollends in das Orchester integriert zu sein (die Flötentöne müssen ihnen noch beigebracht werden: Das Präsens kann hier mit Futurbedeutung fungieren).
Ungewöhnlich ist, dass im Kontext eines (philharmonischen) Orchesters *der Schellenbaum* auftaucht, ein Musikinstrument der Marschmusik, wie sie etwa von Bergwerksorchestern gespielt wird. Verbunden ist dieser Hinweis mit dem Neologismus „*Sozialklimbim*". Hierdurch wird ein mehrschichtiges Bedeutungsgeflecht aufgebaut. Der Schellenbaum, das Musikinstrument, ist mit „*Sozialklimbim*" behängt. Das weckt Assoziationen an einen Weihnachtsbaum, der mit Flitter und Glaskugeln geschmückt ist. Dieser „Klimbim" fällt „*klirrend*" zu Boden (lautliche Verschränkung), weil die Unternehmer auf die „*Pauke haun*". Auf der politischen Ebene bedeutet das: Die Arbeiter (Schellenbaum) sind mit sozialen „Reförmchen" beschenkt worden

(Sozialklimbim verweist sowohl auf Sozialpolitik als auch auf Sozialdemokratie), die sich nun, unter dem „musikalischen" Druck der Unternehmer, als
völlig wertlos (Klimbim[20]) erweisen.

Auf der syntaktischen Ebene wird diese Aussage dadurch unterstützt, dass
sie als Satzgefüge daherkommt und drei Zeilen umfasst, wogegen alle
anderen Aussagen als einfache Hauptsätze formuliert sind und sich nur
über eine oder zwei Zeilen erstrecken.

„Außertextliche" Informationen
Gesellschaftlicher Wandel in der Ära der sozialliberalen Koalition

---

20 Laut Duden steht Klimbim umgangssprachlich für „überflüssige Aufregung; lautes
Treiben; unnützes Beiwerk" (Duden, 21. Auflage, Mannheim 1996, S. 411)

5. Gedichte im Kontext eines Dramas
Friedrich Dürrenmatt, *Ein Psalm Salomos, den Weltraumfahrern zu singen* (in: *Die Physiker*)
Bertolt Brecht, *Die Liebenden* (in: *Aufstieg und Fall der Stadt Mahagonny*)

Im folgenden Abschnitt soll anhand von zwei Beispielen auf lyrische Texte eingegangen werden, die im Kontext eines Dramas auftauchen. Zahlreiche Dramen enthalten in Form von Gedichten, Songs oder Lyrismen Elemente der Gattung Lyrik. Bei der Behandlung solcher lyrischen Texte kommt es also neben der Untersuchung der bisher entwickelten Aspekte auch auf eine Analyse des Textes im Zusammenhang mit dem Drama bzw. der Szene an, um zu verdeutlichen, welche Funktion das lyrische Element im Kontext hat.

Das Schwergewicht der Darstellung wird bei den behandelten Beispielen deshalb auf die Rolle des Textes im Gefüge des Dramas gelegt, die Makro- und Mikroanalyse wird demgegenüber nur kurz abgehandelt.

5.1. Friedrich Dürrenmatt (1921–1990)

Ein Psalm Salomos, den Weltraumfahrern zu singen (1962)

Wir hauten ins Weltall ab.
Zu den Wüsten des Monds. Versanken in ihrem Staub.
Lautlos verreckten
Manche schon da. Doch die meisten verkochten
5   In den Bleidämpfen des Merkurs, lösten sich auf
In den Ölpfützen der Venus, und
Sogar auf dem Mars fraß uns die Sonne,
Donnernd, radioaktiv und gelb.

Jupiter stank,
10 Ein pfeilschnell rotierender Methanbrei,
Hing er so mächtig über uns,
Daß wir Ganymed vollkotzten.

Saturn bedachten wir mit Flüchen.
Was dann weiter kam, nicht der Rede wert:
15 Uranus, Neptun
Graugrünlich erfroren,
Über Pluto und Transpluto fielen die letzten
Unanständigen Witze.

Friedrich Dürrenmatt wird 1921 in der Schweiz in Konolfingen geboren und stirbt 1990 in Neuchatel. Mit Theaterstücken wie *Der Besuch der alten Dame* (1956) und *Die Physiker* (1962, Neufassung 1980) avancierte er zu einem der bedeutendsten Dramatiker der deutschsprachigen Nachkriegsliteratur. Diese bis heute populärsten beiden Stücke Dürrenmatts beleuchten in unterschiedlicher Weise das Problem der absurden Existenz des Individuums in der modernen Gesellschaft. Im *Besuch* macht Dürrenmatt die Verhaltenskonventionen der Wohlstandsgesellschaft am Beispiel einer korrupten Kleinstadtbevölkerung transparent, die durch das verlockende Geldangebot der Titelheldin alle moralischen Skrupel verliert; in den *Physikern* geht es um die – bereits in Bertolt Brechts *Leben des Galilei* thematisierte – soziale Relevanz und Verantwortung naturwissenschaftlicher Forschung; anders als bei Brecht aber kippt hier die Handlung ins Wahnsinnig-Burleske um. Dürrenmatt konstatiert die Hilflosigkeit integrer Kernphysiker gegenüber den Mechanismen der Machtpolitik und kommentierte damit in zynisch-resignativer Manier den aktuellen Zeithintergrund des Kalten Krieges und der permanenten Gefahr eines apokalyptischen Atomschlages.

Hatten wir doch längst die Sonne mit Sirius ver-
20 wechselt,
Sirius mit Kanopus,
Abgetrieben, trieben wir in die Tiefen hinauf
Einigen weißen Sternen zu,
Die wir gleichwohl nie erreichten,
25 Längst schon Mumien in unseren Schiffen
Verkrustet von Unrat:
In den Fratzen kein Erinnern mehr
An die atmende Erde.

Einbettung in den Kontext des Dramas

Friedrich Dürrenmatts „Komödie in zwei Akten", ganz unter dem Eindruck der Entwicklung und Anwendung der Atom- und Wasserstoffbombe und Robert Jungs Buch *Heller als tausend Sonnen* geschrieben und 1962 urauf-geführt, thematisiert den technischen Fortschritt und die Verantwortung des Individuums angesichts der Möglichkeit, die Menschheit auszurotten (militärische und zivile Nutzung der Atomkraft).

Mittelpunktfigur des Dramas ist der Physiker Möbius, der sich, den Irren spielend[1], in eine Nervenheilanstalt hat einweisen lassen, um seine genialen physikalischen Erkenntnisse vor Missbrauch zu schützen und so die Mensch-heit zu retten. Zwar gelingt es Möbius, zwei Agenten feindlicher Mächte, die ebenfalls Physiker sind und sich als Irre in der Anstalt befinden, um Mö-bius' Forschungsergebnisse zu stehlen, davon zu überzeugen, dass sie als Physiker Verantwortung für das Schicksal der Menschheit tragen und des-halb seine Ergebnisse nicht verwenden dürfen, doch stellt sich am Ende he-raus, dass die Leiterin der Anstalt, Frau Dr. von Zahnd, selbst irre ist, Möbius' Forschungsergebnisse bereits für sich gestohlen hat und mit ihrer Hilfe die Weltherrschaft anstrebt. Das Sanatorium entpuppt sich als Gefängnis, Mö-bius' Plan ist nicht nur gescheitert, sondern hat die „schlimmstmögliche Wendung" gezeitigt.[2]

Einbettung in den szenischen Kontext

Der „Psalm Salomos" wird von Möbius vorgetragen, gehört zur „Rose-Sze-ne" in Dürrenmatts Stück, die das Ende des 1. Aktes vorbereitet und ein gro-tesk-komischer Höhepunkt des Dramas ist. Die ehemalige Gattin von Mö-bius, jetzt mit dem Missionar Rose verheiratet, besucht mit ihrem jetzigen

---

1 Möbius behauptet, ihm erscheine der alttestamentarische König Salomo; in diesem Zusammenhang ist es nicht unwesentlich, dass Möbius sein Gedicht „Psalm" nennt (siehe hierzu das *Alte Testament*, etwa „Der Prediger Salomo" und „Das Hohe Lied Salomos").

2 „Eine Geschichte ist dann zu Ende gedacht, wenn sie ihre schlimmstmögliche Wen-dung genommen hat." (Friedrich Dürrenmatt, *3. Punkt zu den „Physikern"*, zitiert nach F. Dürrenmatt, Die Physiker, Zürich 1962, S. 77)

Ehemann und den drei Söhnen, die sie gemeinsam mit Möbius hat, ihren Ex-Gatten im Sanatorium, um endgültig von ihm Abschied zu nehmen, da Missionar Rose eine Stellung auf den Marianen-Inseln angenommen hat.

Möbius fragt seine Söhne nach ihren Berufswünschen. Als Jörg-Lukas, der jüngste der Söhne, sagt, er wolle Physiker werden, verbietet Möbius, mit Verweis auf seinen Wahnsinn, seinem Sohn, diesen Beruf zu ergreifen. Als die drei Söhne ihrem Vater etwas auf den Blockflöten, die sie mitgebracht haben, vorspielen, entflieht Möbius in sein Zimmer, kehrt einen Tisch um, setzt sich in ihn hinein und trägt dann, zum Entsetzen aller Anwesenden, den *Psalm* vor. Nach Beendigung des Vortrags verlässt die Familie, von Drohungen, Flüchen und Verwünschungen Möbius' begleitet, die Klinik.

Im anschließenden Gespräch mit Schwester Monika gesteht diese Möbius ihre Liebe, beteuert, dass sie nicht an seinen Wahnsinn glaube und deshalb bereits seine Entlassung aus der Klinik bewirkt habe. Um einen endgültigen Beweis seiner Krankheit zu erbringen und seine Entlassung aus der Klinik zu verhindern, erdrosselt Möbius die Krankenschwester. Um die Menschheit zu retten, wird er zum Mörder.

Makroanalyse

Der *Psalm* schildert den Aufbruch von Raumfahrern ins Weltall. Immer weiter entfernen sie sich von der Erde. Doch auf ihrer Reise, die letztlich ins Nirgendwo führt, begegnen sie nur Tod und Verderben. Ziellos treiben sie, selbst schon zu Mumien geworden und vom eigenen Unrat verkrustet, im Weltall umher, in *„den Fratzen kein Erinnern mehr an die atmende Erde."*

Sprecher des Textes ist Möbius, der, lediglich unterbrochen von einem „Aber Johann Wilhelm"-Ruf seiner Frau, diesen Text, in seinem zum „Raumschiff" umfunktionierten Tisch sitzend, vorträgt. Möbius macht seine Skepsis gegenüber den Fortschritten der Technik, festgemacht an der Raumfahrttechnologie, in einem Gedicht deutlich, das aus sechs unterschiedlichen langen Versgruppen mit insgesamt 28 Zeilen besteht. Die einzelnen Versgruppen beschreiben den Weg der Raumfahrer von der Erde in den Weltraum und die endgültige Katastrophe. Befinden sich die Weltraumfahrer zunächst noch in unserem Sonnensystem (die Reihenfolge der Planeten wird genannt), so treiben sie am Ende ihrer Fahrt orientierungslos auf namenlose Sterne zu, ohne sie jedoch zu erreichen.

Das Weltall erweist sich als feindlich und todbringend, die Menschen kommen, je weiter sie sich von der Erde entfernen, ihrem Verderben immer näher. Möbius verwendet die 1. Person Plural (*wir* hauten ins Weltall ab), scheint also aus der Perspektive des Weltraumfahrerkollektivs zu sprechen.

Mikroanalyse

Im semantischen Bereich ist das Wortfeld Tod dominierend (*versinken, verrecken, verkochen, aufgefressen werden, Mumien*), wobei hinsichtlich der

Todesarten eine Steigerung zu erkennen ist (je weiter sich die Menschen von der Erde entfernen, umso schrecklicher ist ihr Tod). Ein weiteres Wortfeld wird durch die Planeten und ihre Namen eröffnet (*Mond, Merkur, Mars* etc.), wobei den Planeten negativ besetze Begriffe zugeordnet sind (*Wüsten des Mondes, Bleidämpfe des Merkur, Ölpfützen der Venus*), die die todbringenden Eigenschaften der Planeten in drastischen Bildern ausmalen (*„Sogar auf dem Mars fraß uns die Sonne donnernd, radioaktiv und gelb."*). Lediglich der Erde werden Eigenschaften zugesprochen, die auf „Leben" verweisen (*„atmende Erde"*). Fortschritt wird somit zum Fort-Schreiten von dem einzigen Planeten, der Menschen einen Lebensraum bieten kann.

Die Sprache umfasst umgangs- und vulgärsprachliche Elemente (*abhauen, verrecken, vollkotzen, Fratzen, fressen*) und setzt auf Schockeffekte sowie sprachspielerische Elemente (*„abgetrieben trieben wir in die Tiefen hinauf"*). Das Gedicht ist in freien Rhythmen verfasst und weist im syntaktischen Bereich Ellipsen, Reihungen und Inversionen auf.

Zur Funktion des Gedichtes

a) *szenische Funktion*:

Möbius' Ziel ist es, den Kontakt zu seiner Familie endgültig abzubrechen, um das von ihm gewählte Leben in der Isolation ungestört führen zu können. Um den Bruch mit der Familie herbeizuführen, will er seinen Wahnsinn glaubwürdig dokumentieren. Gleichzeitig will er ja auch seinen jüngsten Sohn von der Idee abbringen, Physiker zu werden, und ihm zeigen, dass das Studium der Physik einen Menschen in den Wahnsinn treiben kann. Im Gespräch mit Schwester Monika kommentiert Möbius sein Verhalten mit den Sätzen: „Die Vergangenheit löscht man am besten mit einem wahnsinnigen Betragen aus, wenn man sich schon im Irrenhaus befindet: Meine Familie kann mich nun mit gutem Gewissen vergessen."[3]

b) *dramaturgische Funktion*:

Der Text ist Teil der grotesken Elemente dieser Komödie. Der Gehalt des Gedichtes, nämlich der deutlich werdende Zweifel am Fortschrittsoptimismus, steht im Kontrast zur sprachlichen Gestaltung mit ihren vulgären und „schnodderigen" Elementen und zur szenischen Präsentation (ein genialer Physiker, in einem umgedrehten Tisch sitzend, spielt den Irren und trägt diesen Text u. a. vor drei Buben vor, die jämmerlichst Blockflöte spielen).

c) *kompositorische Funktion*:

Der Gedichttext (der Vortrag) schafft die Voraussetzung für die „schlimmstmögliche Wendung", denn Möbius bricht alle Außenkontakte ab, ist also Frau Dr. von Zahnd endgültig ausgeliefert. Während Möbius seine Familie von seiner Krankheit überzeugt, ist es paradoxerweise ge-

3 Dürrenmatt, *Die Physiker*, ebd., S. 37

rade dieser Vortrag, der Schwester Monika dazu veranlasst, Möbius zu gestehen, dass sie ihn liebt (der endgültige Bruch mit der Familie veranlasst sie nämlich, Möbius ein zukünftiges gemeinsames Leben vorzuschlagen und ihn zur Fortsetzung seiner Arbeit aufzufordern). Mit dem Mord an Monika als Folge aus ihrem Gespräch verstrickt sich Möbius selbst in Schuld.

d) *inhaltliche/„programmatische" Funktion*:

Das Gedicht ist ein „Abgesang" auf den Fortschritt und den Zweckoptimismus rein technischrational orientierten Denkens; das Gedicht wirft die Frage auf, ob alles, was machbar ist, auch wünschenswert und sinnvoll ist.

5.2. Bertolt Brecht (1898–1956)

Die Liebenden (1928/29)[4]

Jenny: Sieh jene Kraniche in großem Bogen!
Paul: Die Wolken, welche ihnen beigegeben
Jenny: Zogen mit ihnen schon, als sie entflogen
Paul: Aus einem Leben in ein andres Leben.
5 Jenny: In gleicher Höhe und mit gleicher Eile
Beide: Scheinen sie alle beide nur daneben.
Jenny: Daß so der Kranich mit der Wolke teile
      Den schönen Himmel, den sie kurz befliegen
Paul: Daß also keines länger hier verweile
10 Jenny: Und keines andres sehe als das Wiegen
      Des andern in dem Wind, den beide spüren
      Die jetzt im Fluge beieinander liegen.
Paul: So mag der Wind sie in das Nichts entführen
      Wenn sie nur nicht vergehen und sich bleiben
15 Jenny: Solange kann sie beide nichts berühren
Paul: Solange kann man sie von jedem Ort vertreiben
      Wo Regen drohn oder Schüsse schallen.
Jenny: So unter Sonn und Monds verschiedenen Scheiben
      Fliegen sie hin, einander ganz verfallen.
20 Paul: Wohin ihr?
Jenny: Nirgend hin.
Paul: Von wem entfernt?
Jenny: Von allen.
Paul: Ihr fragt, wie lange sind sie schon beisammen?

4 vergl. u. a. Klaus Schuhmann, *Der Lyriker Bertolt Brecht*, München 1974, S. 244 f.; Franz Norbert Mennemeier, *Modernes deutsches Drama 1*, München 1979, S. 299–302; Carl Pietzcker, *„Die Liebenden" von Bertolt Brecht*. In K. Hotz, ebd., S. 256–258

Info

Bertolt Brecht wird 1898 in Augsburg geboren. Erste schriftstellerische Versuche fallen schon in seine Schulzeit. Als Dramaturg bei Max Reinhardt sammelt er wichtige Theatererfahrung, daneben veröffentlicht er sozialkritische Gedichte (*Bertolt Brechts Hauspostille*, 1927). *Die Dreigroschenoper* (1928) wird zum Skandalstück der Weimarer Republik, weil sie die Zuschauer nicht unterhalten, sondern im Sinne des epischen Theaters aufrütteln will. Nach dem Beginn der faschistischen Diktatur in Deutschland verlässt Brecht Deutschland und ist mehrere Jahre in Österreich, Dänemark, Schweden, Finnland und der Sowjetunion unterwegs, bis er sich in Kalifornien niederlässt. Während des Exils entstehen seine bedeutendsten Stücke wie z. B. *Mutter Courage, Der gute Mensch von Sezuan* und *Leben des Galilei*. 1947 siedelt er nach Ost-Berlin über und inszeniert an seinem *Berliner Ensemble* Musteraufführungen seiner Werke, die ihn als Erneuerer des Theaters ausweisen. Brecht stirbt 1956 in Ost-Berlin.

25 Jenny: Seit kurzem.
Paul: Und wann werden sie sich trennen?
Jenny: Bald.
Beide: So scheint die Liebe Liebenden ein Halt.

Einbettung in den Kontext des Dramas

In seiner 1928/29 entstandenen Oper *Aufstieg und Fall der Stadt Maha-gonny* zerstört Brecht die Illusionen von der Freiheit in einer liberalkapitali-stisch organisierten Gesellschaft, für die parabolisch die Stadt Mahagonny steht. Von drei zwielichtigen Gestalten, die sich auf der Flucht vor der Poli-zei befinden, in der Wüste als Gegenstadt zu den großen Millionenstädten gegründet, locken die Verheißungen Mahagonnys alsbald zahlreiche Men-schen an, die hoffen, dort alle ihre Wünsche erfüllt zu bekommen. Doch Glück (in all seinen Formen) ist in dieser Stadt nur gegen Geld zu bekom-men; Freiheit entpuppt sich als Unfreiheit, Liberalität als Destruktion und Gesetzlosigkeit, das menschliche Leben ist reduziert auf die vier in Maha-gonny gebotenen Genüsse: „Fressen", „Liebesakt", „Boxen" und „Saufen". Das vermeintliche Paradies erweist sich als Hölle auf Erden; der letzliche Untergang der Stadt (die in Chaos, Anarchie und dem Gegeneinander völ-lig widersprüchlicher Interessen versinkt) ist gleichzeitig der Untergang Paul Ackermanns, einer der Hauptfiguren, der nach Jahren harter Arbeit nach Mahagonny gekommen ist, um dort sein Glück zu finden, aber in einem absurden Gerichtsprozess zum Tode verurteilt wird. Brechts Oper ist ein Abgesang auf den Kapitalismus, der ja auch im „wirklichen Leben" mit der Weltwirtschaftskrise (1929) in seinen Grundfesten erschüttert wird.

Einbettung in den szenischen Kontext

Das Duett *Die Liebenden* ist Bestandteil des 14. Bildes der Oper, die insge-samt 20 Bilder umfasst. Vorausgegangen ist, dass Paul Ackermann, der ge-meinsam mit der Hure Jenny das Duett vorträgt, die Maxime des Lebens in Mahagonny „erfunden" hat. Angesichts eines Hurrikans, der die Stadt be-droht und Schrecken und Panik ausgelöst hatte, ist Paul zu der Einsicht ge-kommen, dass sämtliche Verbote überflüssig und deshalb abzuschaffen seien (11. Bild). Von nun an gilt in Mahagonny die Regel „Du darfst !" (12. Bild). Der Chor fasst das Programm der Stadt Mahagonny in die Worte:

> „Erstens, vergesst nicht, kommt das Fressen
> Zweitens kommt der Liebesakt.
> Drittens das Boxen nicht vergessen
> Viertens Saufen, laut Kontrakt.
> Vor allem aber achtet scharf
> Dass man hier alles dürfen darf."[5]

5 Bertolt Brecht, *Aufstieg und Fall der Stadt Mahagonny*, Frankfurt 1963, S. 44

Im 13. Bild (eine Tafel mit der Aufschritt ESSEN hängt über der Bühne) frisst sich Jakob der Vielfraß zu Tode. Das 14. Bild, zu dem der Text *Die Liebenden* gehört, demonstriert (ebenfalls auf einer Tafel angezeigt) das „LIEBEN".

Die Szene spielt in einem Bordell und beginnt damit, dass Männer eine Hure aufsuchen. Dem Duett unmittelbar vorangestellt ist ein Hinweis im Nebentext, der für die Interpretation nicht unwichtig ist: „Wie es wieder hell wird, sitzen Paul und Jenny auf zwei Stühlen in einigem Abstand nebeneinander. Er raucht, sie schminkt sich."[6]

Makroanalyse

Die Liebenden ist als Wechselgesang zwischen Paul und Jenny gestaltet, die jeweils eine und an manchen Stellen zwei Verse vortragen. Lediglich der Schlussvers wird von beiden gemeinsam gesprochen (gesungen). Der Schlussvers macht die Brüchigkeit einer Liebesbeziehung deutlich, wenn es heißt: „*So **scheint** die Liebe Liebenden ein Halt*" (Hervorhebung durch mich, B. M.). Dem Schlussvers vorangestellt ist die von Paul aufgeworfene Frage nach der Dauer der Liebesbeziehung, um die es im Text geht: „Wann werden sie sich trennen?" Jenny beantwortet dieses Frage mit der Zeitangabe: „Bald".

Der Text wird bestimmt von einem Vergleich des Liebespaares mit zwei Kranichen. Die beiden Kraniche fliegen, unberührt von allen Störungen (Regen, Schüsse), nur auf sich selbst bezogen und ohne Zeitmaß den Himmelsraum entlang. Die Liebe entführt die Liebenden, so heißt es im Text, aus „*einem Leben in ein andres Leben.*" Doch dieses Leben dauert nicht lange an. Wie die Kraniche dem Blick der Liebenden entschwinden, so ist auch die Liebe des Paares *bald* vergangen.

Mikroanalyse

Brecht hat sich bei der formalen Gestaltung klassischer lyrischer Mittel bedient, die wiederum im krassen Gegensatz zum szenischen Kontext stehen, gleichzeitig aber Aussage und Intention des Textes unterstützen. Die Strophenform ist die Terzine (von Dante in der *Göttliche(n) Komödie* verwendet). Bei einer Terzine sind drei jambische Elfsilber über den Reim (Kettenreim) miteinander verbunden (Reimschema also: aba bcb cdc usw.) Die Versausgänge sind zunächst alle weiblich-klingend und laufen somit harmonisch und weich aus. Auffällig ist aber der Wechsel, den Brecht am Ende

---

6 *Mahagonny*, S. 47; der Text *Die Liebenden* ist in etlichen Gedichtanthologien zu finden; hier fehlt dann allerdings zumeist der Hinweis auf diesen szenischen Kontext; zudem wird nicht deutlich, dass es sich um den Wechselgesang von Paul und Jenny handelt, weil die Namen weggelassen werden. Der Widerspruch zwischen der lyrischen Gestaltung des Textes und dem krassen Kontext, in dem der Song steht (Bordell, Jenny ist eine Hure, sie schminkt sich, Paul raucht, sie sitzen voneinander getrennt), wird dadurch nicht deutlich.

vornimmt. Statt, der Form der Terzine folgend, ghg als Reimschema zu verwenden, wechselt er zu ggh:

> „Fliegen sie hin, einander ganz verfallen.   g
> Wohin, ihr? Nirgends hin. Von wem davon? Von allen.   g
> Ihr fragt, wie lange sind sie schon beisammen?"   h

Schließlich folgt in den beiden letzten Zeilen der Paarreim:

> „Seit kurzem. Und wann werden sie sich trennen? Bald.   i
> So scheint die Liebe Liebenden ein Halt."   i

Mit dem Wechsel zum Paarreim geht ein Wechsel in den Kadenzen einher. Sind diese zunächst durchgängig weiblich-klingend, so weist der Paarreim am Schluss männlich-stumpfe Kadenzen auf. Der Verweis auf das baldige Ende der Liebe, der verallgemeinernde Hinweis auf die Brüchigkeit und Flüchtigkeit der Liebe, die nur eine trügerische, scheinhafte Stütze ist, wird durch den harten Versausgang unterstrichen (*trennen – bald/scheint – ein Halt*). Da die beiden Figuren, die ja in einigem Abstand voneinander auf der Bühne sitzen, also keinen Körperkontakt haben, und profane Tätigkeiten ausüben (rauchen/schminken), nur die letzte Zeile gemeinsam vortragen, wird der „negative" Schluss auch szenisch verstärkt.

Dass die Liebe nur von scheinbarer Dauer ist, wird aber im Text bereits vorher angedeutet. Die Kraniche befliegen nur *kurz* den *schönen* Himmel, ihr Flug ist Bedrohungen ausgesetzt (*Schüsse knallen/Regen drohen*). Die Kraniche teilen den Himmel mit einer Wolke, die wiederum selbst ja symbolisch auf Schönheit, aber auch auf Vergänglichkeit und Flüchtigkeit verweist.

Zur Funktion des Gedichtes

a) *szenische Funktion*:

Die Szene selbst macht deutlich, dass es sich bei Paul und Jenny nicht um ein Liebespaar handelt, sondern dass ihre Beziehung eine Geschäftsbeziehung ist. Die Liebe ist in Mahagonny eine Ware, die gleich den anderen Genüssen (Fressen, Saufen, Boxen) gegen Geld (und nur gegen Geld) zu haben ist. Das Lied dient der Kontrastbildung: Es baut einen Gegensatz zum szenischen Kontext auf.

b) *dramaturgische Funktion*:

Das Gedicht (der Song) ist ein Element des epischen/dialektischen Theaters Brechts. Die Kontrastbildung zwischen szenischem Kontext und Gedicht (Song) dient der Desillusionierung und der Verfremdung (etwas soll uns fremd gemacht werden, hier wohl der Glaube an die Dauerhaftigkeit der Liebe bei gleichzeitiger Reduzierung der Liebesbeziehung auf eine Geschäftsbeziehung). Der Song ist neben der Musik selbst sowie den eingesetzten Hilfsmitteln (Tafel mit der Aufschrift LIEBEN) und in der Oper vorgenommenen Projektionen (Bilder großer Städte/Männergesichter)

Teil jener „(...) Neuerungen, die es dem Theater ermöglichen, Sitten-schilderungen zu bringen (den Warencharakter des Vergnügens sowie den des sich Vergnügenden aufzudecken), und jene, durch die der Zu-schauer moralisch eingestellt wird."[7]

c) *kompositorische Funktion*:

Die Szene greift das 5. und 6. Bild auf. Das 5. Bild schildert die Ankunft von Paul Ackermann in Mahagonny und den ersten Kontakt zwischen Paul und Jenny, die sich, wie andere Huren auch, den ankommenden Män-nern anbietet. Paul entscheidet sich für Jenny, die ihn im 6. Bild dann fragt, wie er sie „wünscht" (Paul wünscht sie ohne Wäsche unter dem Rock). Die Szene verweist auf den weiteren Gang der Handlung, speziell die Paul-Jenny-Handlung. Im Prozess gegen Paul Ackermann (18. Bild) wird Jenny gegen ihn aussagen und ihm vorwerfen, er habe sie durch Geld verführt, im 19. Bild (Pauls Hinrichtung) gibt Paul Ackermann Jenny an seinen Freund Heinrich weiter, der noch Geld zur Verfügung hat.

d) *inhaltliche/programmatische Funktion*:

Das Gedicht (der Song) zeigt die Liebe als trügerische Idylle auf, die, ständigen Bedrohungen ausgesetzt, den Liebenden nur einen Halt von kurzer Dauer bietet.

---

7 Bertolt Brecht, *Das moderne Theater ist das epische Theater/Anmerkungen zur Oper „Aufstieg und Fall der Stadt Mahagonny".* In B. Brecht, Schriften zum Theater, Frankfurt 1971, S. 28 (Fußnote 9)

6. Ballade
Johann Wolfgang von Goethe (1749–1832)
Erlkönig (1782)[1]

**Ballade als Misch-
form: enthält
epische, dramati-
sche und lyrische
Elemente**

Wenn hier nun beispielhaft eine Ballade besprochen wird, so geschieht das
deshalb, weil Balladen eine Mischform der drei literarischen Gattungen
sind, also **epische**, **dramatische** und **lyrische Elemente** enthalten. Nach
Goethe ist die Ballade das „Urei" aller drei Grundarten der Poesie.[2]
Ursprünglich waren Balladen Tanzlieder in den romanischen Ländern
(zumeist recht kurz, strophisch angelegt und mit einem Kehrreim versehen). Im 14. und 15. Jahrhundert war die Ballade als strenge lyrische Form
in Frankreich weit verbreitet, in England wurde der Begriff („ballad") im 18.
Jahrhundert auf Erzähllieder angewendet, die, unter Verwendung dialogi-
scher Strukturen, von besonderen Ereignissen (Heldentaten etwa) erzähl-
ten. Im 18. Jahrhundert wurde das Wort „Ballade" in Deutschland verwendet und bezeichnete dann bereits eine zwischen den Gattungen stehende
Form. Die deutsche Ballade geht dabei (in Form der Volksballade) auf die
germanischen Heldenlieder zurück, entwickelt sich aber im 18. Jahrhundert
zur „Kunstballade" (Bürger, Goethe, Schiller). In der Epoche der Romantik
(z. B. bei Brentano) verstärken sich die liedhaften Elemente der Ballade
(Anknüpfung an die früheren volksliedhaften Elemente), wogegen die
Autoren im 19. Jahrhundert wiederum auf liedhafte Elemente verzichten
(Droste-Hülshoff, Fontane). Im 20. Jahrhundert tauchen verstärkt sozialkritische und politische Themen in der Ballade auf (Brecht, Kästner, Biermann
etwa).
Die Ballade hat zahlreiche thematische Ausformungen erfahren: Es gibt
numinose Balladen, historische Balladen, Liebesballaden, Gespensterballa-
den und didaktische Balladen (wobei es zu Überschneidungen und Über-
gängen kommt).
Im Mittelpunkt steht oft die Auseinandersetzung des Menschen mit sich
selbst, mit den Kräften der Natur (auch naturmagischen Elementen), mit
dem Schicksal oder mit Gewalten, die dem Menschen eine Entscheidung
abverlangen. Zumeist kommt es zu einem Wechselspiel zwischen äußeren
Vorgängen und inneren (seelischen) Prozessen.

---

1   vergl. u. a. Winfried Freund, *Die deutsche Ballade*, Paderborn 1978, S. 28–34; Karl
    Moritz, *Deutsche Balladen/Analysen für den Unterricht*, Paderborn 1972, S. 34–40;
    Edgar Neis, *Wir interpretieren Balladen*, Hollfeld 1968, S. 32
2   zitiert nach G. von Wilpert, *Sachwörterbuch der Literatur*, Stuttgart 1969, S. 64

Goethe, *Erlkönig*

Kurzbiografie
von Goethe s. S. 13

Wer reitet so spät durch Nacht und Wind?
Es ist der Vater mit seinem Kind;
Er hat den Knaben wohl in dem Arm,
Er fasst ihn sicher, er hält ihn warm. –

5 Mein Sohn, was birgst du so bang dein Gesicht? –
Siehst, Vater, du den Erlkönig nicht?
Den Erlkönig mit Kron und Schweif? –
Mein Sohn, es ist ein Nebelstreif. –

„Du liebes Kind, komm, geh mit mir!
10 Gar schöne Spiele spiel' ich mit dir;
Manch' bunte Blumen sind an dem Strand;
Meine Mutter hat manch' gülden Gewand."

Mein Vater, mein Vater, und hörest du nicht,
Was Erlenkönig mir leise verspricht? –
15 Sei ruhig, bleibe ruhig, mein Kind!
In dürren Blättern säuselt der Wind. –

„Willst, feiner Knabe, du mit mir gehen?
Meine Töchter sollen dich warten schön;
Meine Töchter führen den nächtlichen Reihn
20 Und wiegen und tanzen und singen dich ein."

Mein Vater, mein Vater, und siehst du nicht dort
Erlkönigs Töchter am düstern Ort? –
Mein Sohn, mein Sohn, ich seh' es genau;
Es scheinen die alten Weiden so grau. –

25 „Ich liebe dich, mich reizt deine schöne Gestalt;
Und bist du nicht willig, so brauch' ich Gewalt." –
Mein Vater, mein Vater, jetzt fasst er mich an!
Erlkönig hat mir ein Leids getan! –

Dem Vater grauset 's, er reitet geschwind,
30 Er hält in den Armen das ächzende Kind,
Erreicht den Hof mit Mühe und Not;
In seinen Armen das Kind war tot.

Makroanalyse

Analyse von Thema, Stoff und Motiv

Goethes Ballade, 1782 entstanden, greift als Stoff die dänische Volksballa-de *Erlkönigs Tochter* auf, die Herder 1778/79 übersetzt hatte. Zudem waren Goethe wohl mündliche Erzählungen bekannt, die von einem Land-wirt handelten, der 1771 sein krankes Kind zu einem Arzt nach Jena brin-gen wollte, wobei das Kind jedoch in den Armen des Vaters auf dem Weg zum Arzt verstarb. Goethe verzichtet allerdings in seiner Ballade darauf, eine Ursache für den nächtlichen Ritt des Vaters und seines Kindes anzu-geben, sondern setzt voraussetzungslos mit dem Ritt selbst ein („Wer rei-tet so spät durch Nacht und Wind/Es ist der Vater mit seinem Kind;/Er hat den Knaben wohl in dem Arm,/Er fasst ihn sicher, er hält ihn warm.–"
1. Strophe). Das Ziel des Ritts wird ebenfalls nicht deutlich, denn es heißt in der letzten Strophe lediglich, der Vater erreiche „den Hof mit Müh und Not".

Im Vordergrund des Geschehens steht das Einwirken naturmagischer (irra-tionaler) Kräfte. Während des Ritts glaubt der Knabe, der Erlkönig (Elfenkönig) spreche zu ihm, wohingegen der Vater rationale Erklärungen für die Einbildungen des Kindes gibt (den vermeintlichen Schweif des Erl-königs erklärt der Vater als Nebelschweif, die vom Kind gehörten Stimmen spricht er dem Wind zu und dem Säuseln der Blätter, die Töchter des Erlkö-nigs, die das Kind zu sehen glaubt, verbindet der Vater mit den alten Wei-den). Trotz aller rationalen Erklärungsversuche wird der Vater schließlich auch von der Furcht erfasst, die den Knaben ergriffen hat („Dem Vater grauset's, er reitet geschwind", 8. Strophe) und die im Mittelpunkt der Dar-stellung steht. Die Ursache für den Tod des Knaben bleibt am Ende ebenso offen wie die Ursache für den nächtlichen Ritt selbst.

Analyse des Sprechers

Der Sprecher tritt in der ersten und letzten (achten) Strophe als Berichter-statter auf; die Strophen 2–7 sind im Wechsel als Dialoge zwischen Vater und Sohn (Strophen 2, 4 und 6) bzw. Dialoge zwischen dem Erlkönig und dem Kind gestaltet (Strophen 3, 5 und 7), wobei das Kind sich nicht direkt an den Erlkönig wendet, sondern nur von diesem angesprochen wird, um sich daraufhin dem Vater zuzuwenden. Der Sprecher kommentiert und deutet nicht, gibt keine Erklärung für das Auftreten der magischen Kräfte (verkörpert im Erlkönig) und lässt auch die Frage unbeantwortet, welche Ursachen die Angstfantasien und Phantasmagorien des Kindes haben (gerade dadurch, dass Goethe darauf verzichtet, eine Krankheit des Kindes als Ursache für den nächtlichen Ritt anzugeben, und auch das Ziel nicht näher bestimmt, bleiben die rationalen Erklärungsversuche des Vaters neben den Fantasien des Kindes gleichberechtigt stehen).

Analyse der Balladenform

Die Ballade besteht aus acht vierzeiligen Strophen; die Strophen 1 und 8 (Berichtsstil) fassen die dialogisierten Strophen 2–7 ein und bauen einen Gegensatz auf, der den Gang der Handlung sprachlich versinnbildlicht (1. Strophe: *sicher/warm*; 8. Strophe *Mühe* und *Not/tot*).

Mikroanalyse

Analyse von Versmaß, Strophe, Reimen und klanglichen Strukturen

Die vierzeiligen Strophen weisen durchweg einen Paarreim mit männlicher Kadenz, eine regelmäßige Taktzahl, aber eine unterschiedliche Silbenzahl auf, was die seelische Unruhe des Kindes (und auch des Vaters) unterstützt. Die klanglichen Strukturen unterstreichen die (zunächst noch) ruhige Verfassung des Vaters und die Aufgeregtheit des Kindes (siehe etwa die a- und au-Laute des Vaters/die i- und o-Laute des Kindes in Strophe 6). Die Verführungskraft der naturmagischen Macht des Erlkönigs findet ihren Ausdruck besonders in 3. Strophe durch i-Laute und Alliterationen („schöne Spiele spiel' ich mit dir").

Analyse der Bilder/Wörter im Kontext/Stilfiguren

Eine Spannungssteigerung wird erreicht durch Doppelungen in den Dialogen zwischen Vater und Sohn. Heißt es zunächst nur „Vater" bzw. „Sohn", so wird ab der Strophe 4 die Anrede verdoppelt (mein Vater/mein Vater/mein Sohn, mein Sohn). In den Dialogen zwischen Vater und Sohn kommt es zunächst zum Wechsel zwischen Frage- und Aussagesätzen, die aber auf einen Spannungshöhepunkt zulaufen, nämlich den entsetzten (doppelten) Aufschrei des Knaben in Strophe 7: „Mein Vater, mein Vater, jetzt fasst er mich an! Erlkönig hat mir ein Leids getan! – " Dieser Spannungshöhepunkt der zwei Ausrufe geht in der 8. Strophe, die die Katastrophe schildert, über in vier aufeinander folgende Hauptsätze, die nur durch Kommata getrennt sind, wobei der vierte Satz elliptisch angelegt ist (das Subjekt fehlt). In Kombination mit der Inversion in der letzten Zeile wird so die Unruhe des Vaters auch syntaktisch transportiert.

„Außertextliche" Informationen

– Vergleichende Betrachtung zwischen Goethes Ballade und Herders *Erlkönigs Tochter*
– Die „Kunstballade" im 18. Jahrhundert

7. Epochenübersicht/Zeittafel

Wenn hier nun eine Epochenübersicht geboten wird, so soll das unter Hinweis darauf geschehen, dass die Einteilung literaturgeschichtlicher Epochen nicht unproblematisch ist. Die vielfältige Entwicklung der Literatur, die jeweils ganz unterschiedliche, teilweise auch gegensätzliche Strömungen innerhalb eines bestimmten geschichtlichen Abschnitts zeigt, macht eine exakte Einteilung der Epochen nahezu unmöglich. Dennoch scheint es sinnvoll, gewisse Orientierungsdaten zu geben, zumal Unterrichtswerke, literaturgeschichtliche Werke und Anthologien oft mit einer Epocheneinteilung arbeiten.[1]

A. Mittelalter (etwa bis 1400)

Althochdeutsche Literatur (750–1100)	Hildebrandslied; von Bingen
Mittelhochdeutsche Literatur (1100–1400)	Nibelungenlied; von Aue von Eschenbach von der Vogelweide

B. Beginn der Neuzeit (etwa bis 1700)

Barock (1600–1720)	Opitz Gryphius Grimmelshausen

C. Zeitalter der Aufklärung (etwa bis 1800)

Aufklärung (1730–1800)	Kant Lessing
Rokoko (1740–1770)	Wieland
Empfindsamkeit/Sturm und Drang (1765–1785)	Goethe Schiller Lenz
Weimarer Klassik (1786–1832)	Goethe Schiller

---

1 vergl. zur folgenden Übersicht: E. Hermes, *Abiturwissen: Lyrik*, Stuttgart 1985, S. 149; H. Biermann/B. Schurf, ebd.

D. Industriezeitalter (etwa bis 1900)

Romantik (1795–1840)	Hölderlin
	Novalis
	Hoffmann
	Kleist
	von Brentano
	Eichendorff
Junges Deutschland, Vormärz (1830–1848)	Heine
	Büchner
	Grabbe
	Börne
Biedermeier (1830–1848)	von Droste-Hülshoff
	Mörike
	Stifter
	Grillparzer
Realismus (1848–1890)	Storm
	Fontane
	Keller
	Hebbel
Naturalismus (1880–1900)	Hauptmann

E. Beginn der Moderne

Expressionismus (1905–1925)	Trakl
	Benn
	Heym
Exilliteratur	Lasker-Schüler
Literatur des Widerstandes	
Literatur der Gegenwart	

Literaturverzeichnis

Quellenverzeichnis der verwendeten Lyrik

Benn, Gottfried – *Kleine Aster,* in:
Gottfried Benn, Sämtliche Werke, Stuttgarter Ausgabe. In Verb. m. Ilse
Benn hrsg. v. Gerhard Schuster (Bände I–V) und Holger Hof (Bände VI +
VII). Band I: Gedichte 1. Stuttgart: Klett-Cotta, 1986.

Brecht, Bertolt – *Die Liebenden,* in:
Bertolt Brecht, Aufstieg und Fall der Stadt Mahagonny, edition suhrkamp,
Suhrkamp Verlag, Berlin 1963, S. 47 f.

Brentano, Clemens – *Der Spinnerin Lied,* in:
Walter Urbanek (Hrsg.), Begegnung mit Gedichten, Buchners Verlag, Bamberg, 3. Aufl. 1977, S. 72

Dürrenmatt, Friedrich –
Ein Psalm Salomos, den Weltraumfahrern zu singen, in:
Friedrich Dürrenmatt, Die Physiker, Verlag der Arche, Zürich 1962, S. 45 f.

Goethe, Johann Wolfgang von – *Erlkönig,* in:
Karl Moritz, Deutsche Balladen/Interpretationen für den Unterricht, Schöningh Verlag, Paderborn 1972, S. 35

Goethe, Johann Wolfgang von – *Prometheus,* in:
Walter Jahnke/Klaus Lindemann/Norbert Micke/Werner Zimmermann, My-
thos und Mythenbildung: Prometheus – Krieg – Deutschland – Sehnsucht,
Schöningh Verlag, Paderborn 1992, S. 10 f.

Gryphius, Andreas – *Threnen des Vatterlandes,* in:
Walter Jahnke/Klaus Lindemann/Norbert Micke/Werner Zimmermann, My-
thos und Mythenbildung: Prometheus – Krieg – Deutschland – Sehnsucht,
Schöningh Verlag, Paderborn 1992, S. 48

Heine, Heinrich – *Deutschland. Ein Wintermärchen,* in:
Karl-Heinz Fingerhut (Hrsg.): Heinrich Heine, Deutschland. Ein Wintermärchen, Diesterweg Verlag, Frankfurt am Main 1976, S. 12

Karsunke, Yaak – *Konzertierte Aktion,* in:
Dr. Robert Hippe, Interpretationen motivgleicher Gedichte in Themengruppen Bnd. 7: Deutsche politische Gedichte, Bange Verlag, Hollfeld o. J., S. 55

Kästner, Erich – *Sachliche Romanze,* in:
Karl Hotz (Hrsg.), Gedichte aus sieben Jahrhunderten/Interpretationen,
Buchners Verlag, Bamberg 2. Aufl. 1990, S. 261

Kaschnitz, Marie Luise – *Ostia antica,* in:
Karl Hotz (Hrsg.), Gedichte aus sieben Jahrhunderten/Interpretationen,
Buchners Verlag, Bamberg 2. Aufl. 1990, S. 265

Loerke, Oskar – *Blauer Abend in Berlin,* in:
Otmar Bohusch (Hrsg.) Interpretationen moderner Lyrik, Diesterweg Verlag, Frankfurt am Main, 14. Aufl. 1978, S. 79

Logau, Friedrich – *Des Krieges Buchstaben,* in:
Edgar Neis, Interpretationen motivgleicher Gedichte in Themengruppen
Bnd. 3: Der Krieg im deutschen Gedicht, Bange Verlag, Hollfeld o. J., S. 11

Mörike, Eduard – *Er ist 's,* in:
Karl Hotz (Hrsg.), Gedichte aus sieben Jahrhunderten/Interpretationen,
Buchners Verlag, Bamberg 2. Aufl. 1990, S. 84

Storm, Theodor – *Die Stadt,* in:
Karl Hotz (Hrsg.), Gedichte aus sieben Jahrhunderten/Interpretationen,
Buchners Verlag, Bamberg 2. Aufl. 1990, S. 150

Stramm, August – *Sturmangriff,* in:
Edgar Neis, Interpretationen motivgleicher Gedichte in Themengruppen
Bnd. 3: Der Krieg im deutschen Gedicht, Bange Verlag, Hollfeld o. J. S. 55

Vogelweide, Walther von – *Under der linden,* in:
Walter Urbanek, lyrische signaturen/zeichen und zeiten im deutschen gedicht, texte band 14, Buchners Verlag, Bamberg 2. Aufl. 1995, S. 17 f.

Lehr- und Unterrichtswerke

Biermann, Heinrich/Schurf, Bernd: *Texte, Themen und Strukturen – Grundband Deutsch für die Oberstufe*, Düsseldorf 1990

Diem, Albrecht u. a.: *Schreibweisen: Ein Arbeitsbuch für den Deutschunterricht der Sekundarstufe I*, Stuttgart 1987

Heinze, Norbert/Schurf, Bernd: *Text und Dialog/Grundband, Deutschunterricht auf der Sekundarstufe II*, Düsseldorf 1979

Hermes, Eberhard/Steinbach, Dietrich u. a.: *Perspektiven: Grundlagen zum Verstehen und Verfassen von Texten im Deutschunterricht der Sekundarstufe II*, Stuttgart 1981

Wernicke, Uta: *Sprachgestaltung Band 1: Lese- und Schreibweisen/Sprachliches Handeln in Theorie und Praxis*, Hamburg 1983

Wernicke, Uta: *Sprachgestalten Band II: Lese- und Schreibweisen/Umgang mit literarischen Texten*, Hamburg 1983

Fachwissenschaftliche Werke

Bohusch, Otmar (Hrsg.): *Interpretationen moderner Lyrik*, Frankfurt 1978

Erlach, Dietrich: *Lyrik vom Mittelalter bis zur Gegenwart*, Düsseldorf 1986

Fingerhut, Karl-Heinz/Hopster, Norbert (Hrsg.): *Politische Lyrik/Arbeitsbuch*, Frankfurt 1974

Fingerhut, Karl-Heinz/Hopster, Norbert (Hrsg.): *Politische Lyrik/Arbeitsbuch-Begleitheft*, Frankfurt a. M. 1974

Fingerhut, Karl-Heinz (Hrsg.): *Heinrich Heine: Deutschland – Ein Wintermärchen, Unterrichtsmodelle*, Frankfurt 1976

Fingerhut, Karl-Heinz (Hrsg.): *Heinrich Heine: Deutschland – Ein Wintermärchen, Modellanalysen*, Frankfurt 1976

Freund, Winfried: *Die deutsche Ballade*, Paderborn 1978

Giese, Peter Christian: *Interpretationshilfen: Lyrik des Expressionismus*, Stuttgart 1992

Gollnick, Rüdiger/Houben, Heribert u. a.: *Grundlagen mündlicher und schriftlicher Kommunikation*, Düsseldorf 1975

Hermes, Eberhard: *Abiturwissen Lyrik*, Stuttgart 1988

Hippe, Robert: *Die Jahreszeiten im deutschen Gedicht*, Hollfeld o. J.

Hippe, Robert: *Deutsche politische Gedichte*, Hollfeld o. J.

Hippe, Robert: *Deutschland – Ein Wintermärchen/Die Harzreise*, Hollfeld o. J.

Hotz, Karl (Hrsg.): *Gedichte aus sieben Jahrhunderten/Interpretationen*, Bamberg 1990

Hotz, Karl/Krischker, Gerhard (Hrsg.): *Gedichte aus unserer Zeit/Interpretationen*, Bamberg 1992

Jahnke, Walter u. a.: *Mythos und Mythenbildung: Prometheus – Krieg – Deutschland – Sehnsucht*, Paderborn 1992

Jansen, Josef: *Einführung in literaturwissenschaftliche Arbeitstechniken und Methoden am Beispiel eines Bestsellers*, Düsseldorf 1977

Krause, Egon: *Interpretieren – Begriff und Anwendung im Deutschunterricht*, Frankfurt a. Main 1984

Krywalski, Diether (Hrsg.): *Handlexikon zur Literaturwissenschaft* (2 Bde.), Reinbek bei Hamburg 1978

Lecke, Bodo (Hrsg.): *Grundlagen literarischer Kommunikation*, Düsseldorf 1976

Link, Jürgen: *Literaturwissenschaftliche Grundbegriffe*, München 1974

Mecklenburg, Norbert (Hrsg.): *Naturlyrik und Gesellschaft*, Stuttart 1977

Meurer, Reinhard: *Gedichte des Expressionismus*, München 1988

Moritz, Karl: *Deutsche Balladen: Analysen für den Deutschunterricht*, Paderborn 1972

Neis, Edgar: *Der Krieg im deutschen Gedicht*, Hollfeld o. J.

Neis, Edgar: *Politisch-soziale Zeitgedichte*, Hollfeld 1978

Neis, Edgar: *Städte und Landschaften im deutschen Gedicht*, Hollfeld 1978

Neis, Edgar: *Wie interpretiere ich Gedichte und Kurzgeschichten?*, Hollfeld 1977

Neis, Edgar: *Wir interpretieren Balladen*, Hollfeld 1968

Schillemeit, Jost (Hrsg.): *Deutsche Lyrik von Weckherlin bis Benn*/Bd. 1, Frankfurt a. M. 1970

Schuhmann, Klaus: *Der Lyriker Bertolt Brecht*, München 1974

Tischer, Heinz: *Ironie und Resignation in der Lyrik Heinrich Heines*, Hollfeld 1973

Urbanek, Walter (Hrsg.): *Begegnung mit Gedichten*, Bamberg 1967

Wiese, Benno von: *Die deutsche Lyrik Bd. II*, Düsseldorf 1957

Wilpert, Gero von: *Sachwörterbuch der Literatur*, Stuttgart 1969